朱子与武夷山水论文集

武夷山朱子文化研究中心
武夷学院朱子学研究中心 编

海峡出版发行集团 | 海峡文艺出版社

图书在版编目(CIP)数据

朱子与武夷山水论文集/武夷山朱子文化研究中心,武夷学院朱子学研究中心编.—福州:海峡文艺出版社,2023.12
ISBN 978-7-5550-3091-1

Ⅰ.①朱… Ⅱ.①武…②武… Ⅲ.①朱熹(1130-1200)-哲学思想-文集②武夷山-文化研究-文集 Ⅳ.①B244.75-53②K928.3-53

中国版本图书馆CIP数据核字(2022)第154635号

朱子与武夷山水论文集

武夷山朱子文化研究中心
武夷学院朱子学研究中心 编

出 版 人	林 滨
责任编辑	刘徐霖
出版发行	海峡文艺出版社
经 销	福建新华发行(集团)有限责任公司
社 址	福州市东水路76号14层
发 行 部	0591-87536797
印 刷	福建建本文化产业股份有限公司
厂 址	福州市仓山区建新镇红江路6号浦上工业园C区17#楼三层
开 本	787毫米×1092毫米 1/16
字 数	190千字
印 张	12
版 次	2023年12月第1版
印 次	2023年12月第1次印刷
书 号	ISBN 978-7-5550-3091-1
定 价	58.00元

如发现印装质量问题,请寄承印厂调换

《朱子与武夷山水论文集》编委会

顾　　问：张建光　吴邦才

主　　编：金文莲

执行主编：张品端　陈国代　陈建明　彭小斌

编　　委：（按姓氏笔画为序）

　　　　　王志阳　方诗宇　兰宗荣　朱燕涛　吴邦才

　　　　　杨义东　邹全荣　张建光　张品端　陈国代

　　　　　陈建明　范传忠　罗爱文　金文莲　姜东成

　　　　　赵建平　章一定　黄胜科　彭小斌　黎晓玲

朱子的山水诗情（代序）

吴邦才

朱子（1130—1200，名熹）是我国古代一位百科全书式的人物。他不仅是一位伟大的思想家、政治家、教育家，也是一位杰出的文学家和诗人。明人胡应麟在《诗薮》中评论宋代诗坛时称："南宋古体首推朱元晦。"诗人沈嘉辙在诗中赞："花月平章二百载，诗名终是首文公。"国学大师钱穆在《朱子新学案·朱子之文学》中认为："朱子倘不入道学儒林，亦当在文苑传中占一席之地。大贤能事，故是无所不用其极也。"诗词家蔡厚示也强调："中华诗词史上如果缺了朱文公，无疑是缺了一颗巨星。"

朱子是一位多产的诗词家，见于《朱文公文集》中就有1200多首，此外散存于各地志谱中的还有不少。朱子的诗词不仅数量颇丰而且视野开阔，特色鲜明，寓意深刻，体裁多样，达到内容与形式、思想性与艺术性的完美统一。

朱子的诗词中山水类或拟山水类的诗词占据多数。这或许如孔子所言：智者乐水，仁者乐山。大仁大智的朱子，自然热爱山水，尤其对武夷山水情有独钟，留下了数十首诗词。这些山水诗词大体分为借景言志、借景抒怀、借景喻理三大类。下面分类选一二首诗进行赏析。

一、借景言志

如《武夷七咏·天柱峰》："屹然天一柱，雄镇斡维东。只说乾坤大，谁知立极功。"此诗描写的是：屹然而立的大王峰像一根擎天巨柱，雄伟地镇守在天地运转的东方枢纽。常人只知道说天地浩大，又有谁知道顶天立地的巨柱之功呢？又如《武夷七咏·仙鹤》："谁画青田质，高超雁鹜群。长疑风月夜，清唳九霄间。"此诗描写的是：谁人画的这巨大仙鹤？

它高飞云端超过任何雁群和雄鹰。也许在风和月静之夜，清脆的鹤鸣声响彻九霄云外。朱子这两首诗大约作于淳熙五年出任知南康军前夕。武夷山九曲溪畔的摩崖石刻记载，淳熙五年五月和八月，朱子先后两次携友人游武夷山。此时，朱子已完成了理学思想体系的构建，在政治上亦冀望施展抱负，大有作为。故而，朱子借描写巍然屹立的天柱和超然不群的仙鹤，表达擎天立极、展翅高飞的远大志向。

二、借景抒怀

如《和喜雨二绝》："雨师谁遣送余春，珍重天公惠我民。且看欢颜垂白叟，莫愁鬓颊踏青人。""黄昏一雨到天明，梦里丰年有颂声。起望平畴烟草绿，只今投笔事农耕。"朱子此诗作于寓居五夫里之时。诗中第一首一、二句描写久旱之后天降及时雨，惠及百姓十分珍贵。三、四句描写白发老人及年轻人在雨中踏青，欢欣鼓舞。第二首一、二句描写这及时雨整整下了一个夜晚，下得很透，令人在睡梦中梦见了丰收的喜庆。三、四句描写雨后田野翠绿，重现盎然生机，是该放下书卷，投身农耕了。此诗充满了山野情趣，抒发了亲民爱民，与村民休戚与共的情怀。

三、借景喻理

如《观书有感（其一）》："半亩方塘一鉴开，天光云影共徘徊。问渠那得清如许？为有源头活水来。"这是一首经典的哲理诗，作于乾道二年。诗中表面上是描写池塘的景色：半亩大方形的池塘像一块明亮的铜镜，天上的阳光和云彩倒影在水中交相辉映。问它为什么能够如此清澈透亮，只因为其源头不断有活水流来。其寓意是：读书要追根溯源，找到知识的源泉，才能融会贯通，豁然开朗，就像池塘水有了源头活水的流来，才会波光清澈可鉴。

朱子的山水诗丰富多彩，博大精深。或许是武夷山水的灵气成就了朱子，然而朱子的诗词也为武夷山水增添了光彩。真可谓：名山出名家，名家誉名山，相得益彰。

（作者系武夷文化研究院名誉院长、武夷山朱子文化研究中心顾问）

2022 年 8 月

目　　录

武夷棹歌 ………………………………………… 张建光（1）
武夷山水与朱子学的形成 ……………………… 张品端（7）
朱子山水行踪里的哲学思辨 …………………… 邹全荣（18）
朱子的山水美学 ………………………………… 杨义东（24）
拱辰山下朱子之年少情怀 ……………………… 范传忠（29）
朱子与武夷山摩崖石刻 ……………… 赵建平　黄胜科（38）
朱子与武夷山九曲溪 …………………………… 罗爱文（46）
朱子与水帘洞 …………………………………… 黄胜科（57）
朱子与武夷洞天神府 …………………………… 陈国代（63）
论朱子《建宁府崇安县学二公祠记》的思想内涵及意义 …… 王志阳（75）
朱子与武夷文庙 ………………………………… 朱燕涛（88）
朱子与长涧源 …………………………………… 黄胜科（98）
朱子与崇安黄亭 ………………………………… 陈国代（104）
朱子与天湖 ……………………………………… 兰宗荣（115）
朱子与仙洲山 …………………………………… 姜东成（126）
朱子与岩骨花香慢游道 ………………………… 黄胜科（134）
朱子与五夫屏山书院 …………………………… 章一定（145）
瑞岩唤醒主人公，把手经行禁纲中
——瑞岩扣冰古佛与朱子理学 ……………… 黎晓玲（151）
诗传国风体　兴发酒家旗
——朱子"酒市"及其《次秀野杂诗韵·酒市二首》赏析 …… 朱燕涛（159）
白水仕族家世研究 ……………………………… 赵建平（166）
后记 ……………………………………………………（181）

武夷棹歌

张建光

朱子溪边曰：

武夷上山有仙灵，山下寒流曲曲清。
欲识个中奇绝处，棹歌闲听两三声。
……
九曲将穷眼豁然，桑麻雨露见平川。
渔郎更觅桃源路，除是人间别有天。

1184年，朱子与朋友和门生，逆流而上泛游九曲。闲听棹歌，指点武夷，模范山水：一曲幔亭招宴；二曲玉女婷婷；三曲驾壑船棺；四曲鸡鸣深潭；五曲欸乃声声；六曲春意闲闲；七曲回看隐屏；八曲风烟势开；九曲桑麻雨露。朱子告知，九曲尽头俨然世外桃源，余此再寻桃源道路，那除非人间之外别有天地了。

"九曲清流绕武夷，棹歌首唱自朱熹。"甫一传开，和者如云，最早当为时任建宁知府、词人韩元吉，并为朱子认可抄录寄与朋友。历经明清直至当代尚有远和其韵者。清朝董天工所编的《武夷山志》次韵朱子的诗人就有辛弃疾、袁枢、韩元吉等著名诗人十一位，弟子同道乃至名相巨公也都提笔唱酬。至于漏计的尚有不少。特别是袭用《武夷棹歌》原韵，而模拟原诗体例特征的仿作，其数量绝不亚于赓和之诗。束景南先生曾说："尽管后世墨客骚人的武夷吟唱盈千累万，却不能不推朱熹的《武夷棹歌》为妙冠千古的绝唱。"九曲溪流因为朱子吟唱，成了武夷山和朱子理学的指代和标识，数百年后诗人余光中来到这里，题写了"九曲活水，千仞灵山"以志纪念。

诉说武夷历史（阮雪清 摄）

武夷棹歌

有次在武夷山接待一位辽宁省政协副主席。一下飞机,他便高声朗诵《武夷棹歌》全诗。吟诵完毕,他用一句"初中时我就能背这首诗了",回答了我的诧异。更让我不可思议的是,朱子棹歌在海外产生了巨大的回响。朝鲜李退溪建立了朝鲜化的朱子学——退溪学,并逐渐演变成为朝鲜正统的官方思想,影响朝鲜社会生活数百年。其学说的建立与《武夷棹歌》不无关系。李退溪并未来过武夷山,但他熟读当时传入的《武夷志》,梦游武夷,写下了《游九曲棹歌韵》十首,并在故乡设立了"陶山九曲"。一时间,以九曲为诗、图、园林为主的九曲文化滥觞于朝鲜。九曲之名遍布:有高山九曲、武屹九曲、华阳九曲、仙游九曲、兴云九曲等。福建社会科学院研究员黎昕指出:"退溪的《武夷棹歌》和韵不仅形成韩国诗歌史诗的传统脉络,而且退溪学派的人往往把陶山九曲看成是想象武夷和学习朱子的体验空间。"武夷学院有位教授则说:"一部诗歌文本,能够在文学、绘画、园林等诸多方面产生深远影响,在异域形成文化,且维系500余年之久,在中外文学史上实属罕见。"

不是所有的反响都是欢愉和正面的,在给朱子带来盛誉的同时,也让他蒙受了飞来之冤。1196年,监察御史沈继祖向朝廷上奏朱子十条罪状,其中就拿《武夷棹歌》中一句做文章,"熹虽怀卵翼之私恩,盖顾朝廷之大义?而乃犹为死党,不畏人言。又和其徒建阳知县储用之诗有'除是人间别有天'之句,人间岂容别有天耶?其言意何止怨望而已?熹之大罪五也。"奏折中引用的那句诗,正是《武夷棹歌》的末句,是诗人所作的精彩设问,使得诗句更有虚实相生的艺术效果,谁知经沈氏一番曲解竟成了大逆不道的谤讪,这桩"文字狱"也可以看出"庆元党禁"一案的荒唐。

不过关于《武夷棹歌》诠释解读争议最多的还是:究竟此诗是道学的义理诗,还是"因物起兴"的山水诗?

最早定义《武夷棹歌》为义理诗的是朱子三传弟子、南宋理学家陈普。随后刘孟纯也给此诗作注,说"莫非道之所寓",清人赵翼用二十年的时间将陈普之注进行更为周详的解释。他们都认为朱子文九曲,纯是一条进道次序,"其立意故不苟,不但为武夷山水也。"他们逐首分析"入道次第"。第一首是序诗;第二首揭示了寻道之路的艰难;第三首告诫"学道由远色而入";第四首表示舍身求道,要不计"荣辱得失,血肉之躯,利誉之心";第五首指出悟后又大疑,可从自然中寻求安慰;第六首"此曲入深，身及其地，独见自得，识得万古圣贤心事"；第七首诉说寻理路程曲折；第八首告诉寻理的过程要从不同角度甚至往回追寻；第九首表明寻理道路不花大力气是到不了美好的境界的；第十首终于到了寻理终点，"豁然贯通，无所障碍，日用沛然，万事皆理"。朱子此诗写于"武夷精舍"办学著述期间，有如《礼记》所述，"君子之于学也，藏焉修焉息焉游焉"。朱子在武夷山办学不仅局限校舍内，而应包括以武夷精舍为活动中心的藏修空间和包括武夷九曲在内的游息空间。

反对的声音也十分激烈有力。有人从不同版本说明陈普之辈的解读不靠谱。主要争议在五曲和九曲上。五曲中的最后一句"欸乃声中万古心"被哲理诗派认为明确标识义理学派的内涵，是朱子在全诗的中心位置有意设置的引导读者进入义理之门的钥匙。淳熙本是现存最早的朱子文集，刊刻在朱子生前，其结句"茅屋苍苔魏阙心"，表明实实在在的关心庙堂之上的忧君忧国忧民之心，何关义理？九曲诗句中的"眼豁然""见平川"，按哲理诗派说法是证悟大道的境界，然而淳熙本却是"霭平川"，意为雨雾笼罩，不能体现"贯通、无障碍"说法。朝鲜李退溪认为朱子之诗不是"入道次第"的造道诗，而是"因物起兴"的山水诗。著有《朱子文录》朝鲜哲学家奇大升也认为根本不会有"入道次第"等寓意存在。"九曲十章，因物起兴"，以写胸中之趣，且"其意之所寓，其言之所宣，因皆清高和厚冲澹洒落，直与浴沂之气象"。奇大升最难以接受的是陈普有关二曲和三曲的"远色之戒"和"舍身之旨"的解释，认为是注者穿凿附会，"节节牵合，皆非先生本意"。台湾学者王甦也说："朱熹武夷九曲棹歌十首只是精舍闲居，游观兴会之作，并无学问次第之义。"

哲理诗、山水诗，两派的观点让智者见智，仁者见仁，莫衷一是，难以分辨。

确实，朱子无时无刻不"志于道"，一切以"道"为指归。从浙东任上请辞回归武夷山，营建了"武夷精舍"。但他并不想做一个陶彭泽式的田园诗人，更不想当一个服气茹芝的道家隐士，而却要做一个以倡道为己任的"孔夫子"。束景南先生的《朱子大传》在其"跧伏武夷山中"写道："退居山林讲学著述不过是他历来在现实中四处碰壁后的另一种更深远的进取。"朱子的诗学主张是"文从道出"。"道者，文之根本。文者，道之枝叶。"同时，朱子在讲学期间，时常带领学生优游林泉，在水山之间领悟圣贤之道。正如韩国金德铉教授所说："朱子认为和大自然一起的话，就能够达到深奥的境界，仁者天地万物之心，而人之所以为心。"认为喜山悦水就是涵养情操达到天人合一的仁的方法，朱子在武夷山的隐居也正是这种世界观的实践。我们可能不会接受哲理诗派曲曲寻道的机械注解，但我们一定会认同朱子诗中有道，抑或诗从道出。

确实，朱子十分钟情山水。《鹤林玉露》载："朱文公每经行处，闻有佳山水，虽迂途数十里，必往游焉。携樽酒，一古银杯，大几容半升，时引一杯。登览竟日，未尝厌倦。"朱子为诗主张的另一方面就是强调尊重诗歌规律，提倡诗的质朴自然，因而竭力推崇陶渊明："若但以诗言之，则渊明所以为高，正在其超然自得，不费安排处。"这大概是受其父亲诗风影响，"初亦不事雕饰，而天然秀发，格力闲暇，超然有出尘之意。"朱子此时为诗，年过半百，按束景南所说："他的诗歌创作到武夷精舍时期具有了自出变化，机杼独运的风貌。""玄言诗、理趣诗、讽刺诗、回文诗、古体、近体、乐府，他都应用自如，变化多端，而又显示出一种清幽空灵，深婉蕴藉的共同风貌。"《武夷棹歌》以九曲溪为经，以沿途九处重要景点为纬，巧妙编造成一幅彩色全图，十分注意状景与抒情的近乎天衣无缝的有机融合，让人欣赏到诗如画的美感和画如诗的韵味，很难直接看出说理论道的痕迹。

我无意介入哲理派和山水派之间的争论。我更愿意揣析朱子写作《武夷棹歌》的动机和心态。朱子风景诗中，以武夷山为题材的最多，直接标名的就有五十余首。浙东官场上，他六劾贪官唐仲友，虽然赢得百姓将他作为解民倒悬的"清官"来拥戴，但直接得罪了当朝宰相（唐仲友的姻亲）王淮，因而被迫请辞南归，这为他日后被"迫害"、被"污名化"埋下了祸根。他的心情确实是沉重的，但一见武夷山水，特别是营建好"武夷精舍"，心中又是愉悦的。他对理学的研究也进入成熟时期，其代表作《四书章句集注》修订完毕，刊印四方。其心态从诗的标题也可略见一斑："淳熙甲辰仲春精舍闲居戏作武夷棹歌十首，呈诸同游，相与一笑。"《武夷棹歌》具有朱子其他诗少有的特点：其一，极大的美誉感。"峰峦岩壑，秀拔奇伟，清溪九曲，流出其间"已是美不胜收，而溪的尽头，还有桑麻雨露。这就是世外桃源，人间仙境，如果你还要寻找，那么"除是人间别有天"。其二，极好的音律感。《武夷棹歌》与其说是诗，不如说是歌词。

朱子没有采用近体律诗或擅长的古风形式，而是用了"下里巴人"的民家的船歌渔唱的方式，典型的民歌乐府风貌，显然可以看出他是受欧阳修《鼓子词》的启发，《武夷棹歌》从一曲写到九曲，与《鼓子词》从正月写到十二月有异曲同工之妙。这种形式在朱子上千首诗歌中，另外仅出现过一次，即《芹溪九曲》。似乎他就是为后人游览武夷山所写。因此被誉为武夷山九曲溪第一篇最佳导游词。其三，极强的归宿感。武夷山风景核心可以说是三三秀水、六六奇峰、七十二洞、九十九岩、一百零八处的景观。一首棹歌把景区内旖旎景致、历史掌故、风物人情如数家珍般的从容吟来，既突出曲曲的重点，又范写景区的全貌，个中充满了他对武夷山水深深情感。他曾在《武夷精舍杂咏》中吟道："琴书四十年，几作山中客。一日茅栋成，居然我泉石。"就像孔子于洙泗、"二程"于洛水、周敦颐于濂溪，朱子此时已把武夷山九曲溪当作自己的心灵故乡了。

（本文作者为第四届南平市政协主席、中国作协会员、武夷山朱子文化研究中心顾问）

武夷山水与朱子学的形成

张品端

宋代，是武夷山文化的鼎盛时期。尤其是南宋时期，全国政治、文化、经济中心南移，当时被誉为"东南奇秀"的武夷山，成为儒家传道授学之所。文人墨客荟萃山中，仅清董天工《武夷山志》中记载宋代在武夷山卜筑、隐逸、寻胜的理学家、官员就有130多人。大批理学家相继在武夷山择地建书院，读书著述，讲学授徒，继志传道，培养理学人才。朱子在武夷山求学、讲学和著述近半个世纪，武夷山水促进了朱子学的形成，而朱子学的形成又增添了武夷山水的文化内涵。

一

当代著名的思想史家蔡尚思说："我研究了中国自然美的山水已达200多个，认为武夷山超过了徐霞客所赞美的黄山，因为黄山山奇而不如武夷山的山水俱奇；而九寨沟则水奇而山不奇；桂林江水可游而小山不可登，也比不上武夷山既可登高又可乘筏；庐山的水在山之外，也不如武夷山的水在山之中。武夷山水俱佳，在国内外都难以与其比较。所以，我有小诗一首：'朱熹是先贤，武夷为名山。人地两相配，唯有此间全。'"[1]

孔子说："知者乐水，仁者乐山。知者动，仁者静。"武夷山水陶冶朱熹既仁且智，从观想武夷山水的动静中建立起自己的人生观和世界观。

朱熹在《武夷精舍杂咏并序》《仁智堂》中曰："我惭仁知心，偶自爱山水。苍崖无古今，碧涧日千里。"[2] 仁智与山水、古今与千里，自然、社

---

[1] 蔡尚思：《朱子学研究的新方向》，载《朱熹与中国文化》，学林出版社1989年版，第29页。
[2] 朱熹：《武夷精舍杂咏》，载《晦庵朱文公文集》卷9。

武夷精舍遗址（吴心正 摄）

会的时空都表达出来了，心胸至为阔大。当时著名的史学家袁枢赞朱熹武夷精舍之仁智堂，说得更富有哲理。他说："此身本无累，动静随所寓。结庐在岩谷，自适山水艺。朝来抱云气，日夕沐风露。坐观天地心，讵忘仁智虑。"①

朱熹在描绘武夷精舍附近的山水时说："武夷之溪东流，凡九曲，而第五曲为最深。盖其山自北而南者，至此而尽。耸全石为一峰，拔地千尺。上小平处，微戴土生林木，极苍翠可玩。而四隤稍下，则反削而入，如方屋帽者，旧经所谓大隐屏也。屏下两麓，坡坨旁引，还复相抱。抱中地平广数亩，抱外溪水随山势从西北来，四曲折始过其南，乃复绕山东北流，亦四曲折而出。澳流两旁，丹崖翠壁，林立环拥，神剜鬼刻，不可名状。舟行上下者，方左右顾瞻，错愕之不暇，而忽得平冈长阜，苍藤茂木，按衍迤靡，胶葛蒙翳，使人心目旷然以舒，窈然以深，若不可极者，即精舍之所在也。……若夫晦明昏旦之异候，风烟草木之殊态，以至于人物之相羊，猿鸟之吟啸，则有一日之间，恍惚万变而不穷者。同好之士，其尚有以发于予所欲言而不及者乎哉！"②

宋代学者喜欢在山清水秀中讲论。清人蒋溥谓，武夷山"在赵宋之世，恒为巨儒所托足，龟山、屏山、晦庵、九峰，一时讲学之盛，不下鹿洞、鹅湖，则又不仅玉女、晴川、仙坛、佛地，为足供竹杖、篮舆流连吟赏而已"③。他们由政治漩涡和社会生活的急流中走出，隐居山脚水浒，下学上达，用天理视理世间，以天人合一、理一分殊作结。清人董天工在论及朱熹及其武夷精舍时，作诗曰："五曲层峦毓秀深，紫阳书院树云林。茫茫千古谁绍统，全寄先生一寸心！"④

朱熹在武夷山的"一寸心"，一则是讲学。跟朱熹最早讲论的老师是刘子翬（屏山）。现在，武夷山水帘洞留存有清初地方官为保护"屏山与朱熹讲习武夷"遗址布告的摩崖石刻，其中有曰："宋儒屏山诸贤，居武夷山水帘洞讲学，卒即洞建祠，从游门人朱文公亲题匾额'百世如见'四

---

① 引自董天工：《武夷山志》卷10，方志出版社1997年版，第316页。
② 朱熹：《武夷精舍杂咏》，《晦庵朱文公文集》卷9。
③ 引自董天工：《武夷山志》卷首，方志出版社1997年版，第3页。
④ 引自董天工：《武夷山志》卷4，第104页。

字,现悬祠中。"①

后来,朱熹"自辟精舍,令诸从游者诵习其中,亦惟是山闲静,远少避世纷。……可以专意肆力于身心问学中,非必耽玩溪山之胜"。②朱熹自谓"过我精舍,讲道论心,穷日继夜"③。最知名者有,时称东南三贤之一的吕祖谦,为朱熹挚友,两人在武夷山讲论最久,还在建阳云谷寒泉精舍合编《近思录》;辛弃疾,曾三次主管武夷山冲佑观,任福建按抚使时与朱熹相交,在武夷山与之讲论。

从淳熙十年(1183)至绍熙元年(1190)这八年,朱熹绝大部分时间是在武夷精舍讲学。何镐、项安世、袁枢、刘子翔、廖德明等,在武夷山与朱熹讨论心性、格物、《易》等问题。据陈荣捷考证,朱熹在武夷山的门人有200多人。④

朱熹在武夷精舍讲学,除了系统地、有重点地进行讲学之外,他还着重于教人如何读书。他认为,读书要有成效,首先要立志,要有吃苦精神,不图安乐。他教育学生:"学者大要立志","人之为学,当如救火追亡,犹恐不及。"⑤朱熹是这么说,也是这么做的。学生说他"每得未见书,必穷日夜读之"⑥,甚至"凡三四夜,穷究到明"。当门人廖德明问他安乐法时,他斩钉截铁地回答:"圣门无此法。"他强调,学有所成是不难的,关键在于"努力"二字。因此,他为武夷精舍的观善斋(学生聚居的书斋)题诗时写道:"负笈何方来,今朝只同席,日用无余功,相看俱努力。"⑦

当时,一些著名的学者如蔡元定、刘爚、辅广、黄榦、詹体仁、李闳祖和叶味道等人,都曾就学于武夷精舍。朱熹与他们挟书而咏。之后,一批朱子门人与后学相继在武夷山中和九曲溪畔择地筑室,读书讲学,以"继志传世"为己任。如蔡沈的南山书堂、游九言的水云寮、刘爚的云庄

---

① 高令印:《朱熹事迹考》,上海人民出版社1987年版,第51页。
② 引自董天工:《武夷山志》卷首,第7页。
③ 朱熹:《答何叔京知县文》,载《晦庵朱文公文集》卷15。
④ 陈荣捷:《朱子门人》,台湾学生书局1982年版,第11页。
⑤ 黎靖德编:《朱子语类》卷121,中华书局1986年版,第2923页。
⑥ 黎靖德编:《朱子语类》卷104,中华书局1986年版,第2624页。
⑦ 朱熹:《武夷精舍杂咏》,载《晦庵朱文公文集》卷9。

山房、徐几的静可书堂、熊禾的洪源书堂等。这些书院奉武夷精舍为榜样，先后出现在武夷山中，如众星拱月。故清代史贻直在《武夷山志序》中说："朱子开紫阳书院（即武夷精舍），诸大儒云从星拱，风流相继，迄元明以至于今，而闽学集濂、洛、关之大成，则皆讲学此山者，而山之名遂以甲于天下。"武夷山在南宋时进入鼎盛时期，成为中国东南的一座文化名山，后人誉之为"道南理窟"。

朱熹的"一寸心"，再则是撰写论著。反映朱熹成熟思想的论著基本上是在武夷山一带撰写的。在武夷山，朱熹写成了《易学启蒙》《孝经刊误》《小学》《西铭解义》和《诗集传》等一大批论著和书信。特别是他诠释了《大学》《中庸》《论语》《孟子》。其《四书章句集注》的基本完成，朱子学的一些主要观点和范畴已经形成。

如成书于淳熙十六年（1189）的《中庸章句》，其序言是朱子学派关于"天理论"宇宙观的纲领性论述。序言提出了作为哲学思想的最高范畴"理"，阐述了"一理"与"万事"的关系，阐述了"理"无不包摄，无所不在。朱熹以"理"为世界的本源，把儒学的本体论，从尊"天"上升到讲"理"，这是对先秦儒学本体论的提升。也就是说，朱子"四书学"的形成，完成了儒学原典重"五经"向重"四书"的转变。这个转变始自"二程"，而由朱熹所完成。在这个转变过程中，闽中游酢、杨时、胡安国等理学家们提供了丰富思想资料。据统计，朱子在《四书章句集注》中用了32位学者的731条语录，其中引述杨时之论73条。

朱熹在武夷山深入研究"太极"理论，于淳熙十年（1183）撰写《太极图说解》。太极一词始见于《易·系辞（上）》："易有太极"。理学家讲"太极"，肇始于周敦颐的《太极图说》："无极而太极。""五行，一阴阳也；阴阳，一太极也；太极，本无极也。"周氏把"无极"作为产生世界万物的本源，而以太极为阴阳混沌未分之气。"二程"以"理"为本体，他说："万物皆是一理"。"二程"讲理本，"太极"未提到基本范畴。朱熹发挥了"二程""天下只有一个理"的理本论，以其"理"的一元论来诠释周敦颐的《太极图说》。他认为太极动而生阳，"此只是理"，"太极动而生阳，至理之源，只是动静阖辟。至于终万物、始万物，亦只是此理一贯也。到得二气交感，化生万物时，又就人物上推，亦只是此理。……在天地只是理也"。在这里，朱熹提出了太极是"至理之源"，是最高的理。这一思想是对周敦颐、"二程"本体论思想的一个很好发挥。应该说，以理阐释太极，强调太极是至理之源，是朱子学派的重要特征，也是它区别其他学派的标志之一。

朱熹在武夷山讲学，对《易》进行了深入研究，撰写了《易学启蒙》。有谓朱熹于武夷精舍"笺注《诗》《易》以及《四书》《家礼》，而予于诸经解，亦尝补遗论定"[①]。淳熙十六年（1189），《大学章句》《中庸章句》在武夷山定稿，确立朱熹理先气后、格物致知、存理灭欲等观点。淳熙十年，他在武夷山厘定《太极图说解》《西铭解义》等，确立了他关于太极、理一分殊的观点。淳熙十一年至十六年，他以书信的形式，与陆九渊兄弟论辩尊德性道问学；与陈亮辩论王霸义利等。此外，还有《楚辞集注》《通鉴纲目》，以及他还给友人弟子写了数百篇书函、序跋、诗赋等，阐述自己的理论观点，回答他们提出的学术问题。

在武夷山期间，朱子学派的基本学术力量也聚集在这里，形成12世纪80代中国的一支新兴力量。湖湘学派的代表人物张栻曾说："当今道在武夷。"按照朱熹的说法是"天旋地转，闽浙反为天下中"。这个"中"，就是说武夷山成为当时天下的中心、文化的中心、道南的理学重镇。

清乾隆元年（1736），状元马易斋治闽，深深领会闽中理学之渊源，手书"道南理窟"四个大字欲刻武夷山未果，后其子马应璧任职崇安县，于乾隆四十二年将其父"道南理窟"四个大字摹刻于武夷山五曲溪南晚对峰壁，正对着游酢之水云寮和朱熹之武夷精舍。"道南理窟"遂成为游酢、杨时等"道南"和闽中理学兴盛以至南移后的中国文化重心之象征。

朱熹在武夷山的遗址，至今有武夷精舍、冲佑观、水帘洞等，其墨迹石、木刻有数十处。武夷山作为历史上著名的"道南理窟"、朱子学的发祥地，于1999年被联合国教科文组织世界遗产委员会批准为世界文化与自然遗产。随着改革开放的不断发展，世界各地的人不断前来武夷山进行文化考察，武夷山的历史文化地位已越来越广泛地为世人所共识。

---

① 引自董天工：《武夷山志》卷6，第181页。

二

　　武夷山是道教名山，这是清人董天工在其名著《武夷山志》的序言中第一句就讲到的。至今，武夷山历代道士修炼成仙的遗址和景点，如换骨岩、云虚洞等多达数十处。庞大的武夷宫（冲佑观），历代皇帝任命主管者多达82位，其中有刘子翚、朱熹、吕祖谦、张栻、辛弃疾、陆游、叶适、魏了翁、黄榦等当时最知名的学者。

　　大约与朱熹同时而稍后的闽籍道士白玉蟾，自号海琼子，师事道士薛道光，先往来于罗浮、霍童、龙虎、天台、金华等道教名山，最后驻足于武夷山，著道书《上清集》《武夷集》《玉隆集》《海琼白真人语录》《海琼玉蟾先生集》等。他以武夷山为基地，广泛传教。白玉蟾上承张伯端的紫阳教派，钟离权、吕洞宾的金丹教派，把北方道教神仙系统和原武夷山的道教神抵武夷君、皇太姥结合起来，成为道教南宗五祖，集道教南宗思想于一身，成为道教的集大成者。

　　朱熹在武夷山喜欢读道书，与道士交往。其诗曰："眷焉此家山，名号列九霄。相与一来集，旷然心朗寥。……下有云一壑，仙人久相招。授我黄素书，赠我英琼瑶。"[①] 又曰："屹然天一柱，雄镇斡维东。只说乾坤大，谁知立极功。"[②] 这里所说的"天一柱"即大王峰，朱熹以喻武夷君，谓其具有王者风度。朱熹在《武夷图序》中又说："今山之群峰，最高且正者，犹以大王为号，半顶有小丘焉，岂即（武夷）君之居耶！"[③] 道包括道家和道教。朱熹论道，讲到其思想理论时，多指道家。朱熹排斥道家、道教甚烈，而取其合理者亦不少。

　　从上引朱熹两首道诗可以窥见，朱熹与武夷山道教之人相交至为密切。白玉蟾有《朱文公像疏》，其曰："天地棺，日月葬，夫子何之？梁木坏，泰山颓，哲人萎矣。两楹之梦既往，一唯之妙不传。竹简生尘，杏坛已草。嗟文公七十一祀，玉洁冰清；空武夷三十六峰，猿鸣鹤唳。管弦之声犹在耳，藻火之像赖何人。仰之弥高，钻之弥坚；听之不闻，视之不

[①] 朱熹：《游武夷以相期拾瑶草分韵赋诗得瑶字》，载《晦庵朱文公文集》卷4。
[②] 朱熹：《武夷七咏》，载《晦庵朱文公文集》卷6。
[③] 朱熹：《武夷图序》，载《晦庵朱文公文集》卷76。

见。恍兮有像，未丧斯文。惟正心诚意者知之，欲存神索至者说耳。"① 道教的代表人物白玉蟾如此崇仰儒家的代表人物朱熹，很可以说明当时儒、道两教的关系。朱熹曾主管过武夷山道教名观冲佑观，与观之提点、名道士高文举为知己，为其所著《武夷山图集》撰写序文，经常住在观内之观妙堂内；晚年化名为"崆峒道士邹䜣"，还撰写了《周易参同契考异》。

儒学也给道家学者的理论思维以多方面的启发。就道教而言，南宋五祖白玉蟾，曾仿周敦颐的《太极图说》，编写《无极图说》，成为道教南宗的修炼方法。他吸收朱熹的"道心""人心""天命之性""气质之性"的人性论和修养方法，建造了自己的一套道学性命理论。元初，白玉蟾的再传弟子李道纯，吸收朱熹太极与无极乃一体之二名的思想，从道教南宗内丹学的角度加以发挥，将宋代理学的宇宙生存论与道教内丹学统一起来。明代，著名的道士张三丰曾在武夷山修炼，也提倡儒释道三教合一。他接受朱熹"性者，人生所禀之天理"②的观点，也主张性即理，人性来源于天理的思想，把"性命之道"视为儒释道共同的立教之本，体现了理学对道教学说的深刻影响。

三

南宋，佛教禅宗五宗多为临济、曹洞两宗子孙。而临济宗的杨岐方会派的大慧宗杲是后来临济宗的最主要代表者之一。宗杲于南宋初期"游七闽"③后移锡浙江径山，创径山派，此地域属武夷山地区。朱熹在给宗杲弟子道谦的书中说："向蒙妙喜开示，应是。从前记持文字，心识计较，不得置丝毫许在胸中。但以狗子语，时时提撕。愿受一语，警所不逮。"④这里说的"妙喜"即宗杲。对于宗杲的开示，朱熹曾说："如杲老说，不可说不可思之类，他说到那险处时，又却不说破，却又将虚处说起来。如某说克己，便是说外障；如他说，是说里障。他所以嫌某时，只缘是某捉

---

① 引自董天工：《武夷山志》卷21，第696—697页。
② 朱熹：《孟子集注·告子上》，载《四书集注》，岳麓书社1987年版，第465页。
③ [元]念常：《佛祖历代通载》，载《大藏经本》卷30。
④ [明]岱宗心泰：《佛法金汤篇》，载《续藏经本》卷15，第484页。

着他紧处。别人不晓禅，便被他谩。某却晓得禅，所以被某看破了。"①

朱熹研究过宗杲的著述。他说："夫读书不求文义，玩索都无意见，此正近年释氏所谓看话头者。世俗书有所谓《大慧语录》者，其说甚详。试取一观，则其来历见矣！"②可见，朱熹曾细读过《大慧语录》。此外，朱熹反复提到宗杲，如谓"记得，杲老初谪衡阳，有以诗送之者，曰'逢人深闭口，无事学梳头'。此语有味。"③宗杲有云"理义之义便是仁义之义"④之语。有人认为，朱熹之理义与仁义合一之说，乃受宗杲之启发。

宗杲的弟子道谦传法于崇安县（今武夷山市）五夫开善寺，与朱熹往来至为密切。道谦卒，朱熹祭文曰："师出仙洲，我寓潭上。一岭之间，但有瞻仰。丙寅（1146）之秋，师来拱辰（山名）。乃获从容，笑谈日亲。……未及一年，师以谤去，我以役行，不得安往。往还之间，见师者三。见必款留，朝夕咨参。"⑤

从朱熹与道谦的密切关系可以推知，两人的思想是互相影响的。综观朱熹著述，其所交往的僧徒还有瑞泉庵主、胡僧、仰上人、志南上人、宗慧、宗归、端友、惟可、圆悟（肯庵）等。朱熹和他们一起吟诗、赏帖、论学等。朱熹曾说："多谢空门侣，能同物处情。"⑥

此外，据查考，朱熹读佛经，"查《语类》与《文集》所举者有：《四十二章经》《大般若经》《华严经》《法华经》《楞严经》《圆觉经》《金刚经》《光明经》《心经》《维摩经》《肇论》《华严大旨》《华严合论》《景德传灯录》等共14种，并有概述之'佛经''佛书''佛经疏''藏经''释氏教典''禅家语录'等。种类虽少，足以代表华严、天台、净土、三论、唯识、禅宗诸派。朱子所读，必比其他理学家为多。有可证其确曾为目者，如云：《楞严经》前后只说咒；《法华经》开口便说恒河沙数；《圆觉

---

① 黎靖德编：《朱子语类》卷41，中华书局1986年版，第1057页。
② 朱熹：《答许生》，载《晦庵朱文公文集》卷67。
③ 朱熹：《与张孟远》，载《晦庵朱文公文集·续集》卷6。
④ 黎靖德编：《朱子语类》卷126，第3029—3030页。
⑤ [明] 岱宗心泰：《佛法金汤篇》，载《续藏经本》卷15，第484页。
⑥ 黎靖德编：《朱子语类》卷7，第246页。

经》只有前两三卷好，后面便只是无说"。①

隋唐时期，释、道至为盛行，当时第一流的人物大都出入释、道。正如朱熹所说，"某常叹息，天下有些英雄人，都被释氏引将去，其害事"②，释、道有压倒中国主体文化意识儒家之势。首先看出这个问题的是唐朝韩愈。他激烈排佛，提出恢复秦汉以来中断了的儒家道统。接着，北宋的周敦颐、程颢、程颐、张载等提出新儒学（即理学）。他们分别创立的濂、洛、关新儒学派别，均在北方。刚刚在北方形成的旨在复兴中国主体文化意识儒学的新儒学，随着金人灭宋而岌岌可危，道统又将中断。正是在这中华民族文化存续、兴亡的关键时刻，闽中学者游酢、杨时等适应历史的需要，"载道南归"③，三传而至朱熹，以儒学为主干融合释、道，集濂、洛、关新儒学之大成，创立闽学，建立起完整的理学思想体系，在闽、浙、赣之武夷山一带形成新的中国文化重心。南宋大理学家张栻说"当今道在武夷"④，就是指国家的文化重心转移到武夷山一带。南宋的首都在临安（今杭州），至此实现了国家的政治、经济、文化重心的南移。

在南宋前期，中国文化的基本形态儒、释、道都汇集于闽浙赣之武夷山一带，他们的代表人物友好交往，其思想相互交融，因而武夷山有三教峰，并有三教庵、三教堂等，均供奉孔子、老子、释迦塑像。据记载，"三教堂，在水帘正中，瀑布落其前，祀至圣孔子，以及老子、释迦"⑤。可见，武夷山是当时中国文化基本形态儒、释、道的荟萃之地。

朱熹在武夷山一带活动了50多年，他通过与汇集于那里的释、道之人密切交往，对其学说进行深入研究，在北宋濂、洛、关等新儒学（即理学）成果的基础上，建立起完整的新的学术思想体系，完成了中国文化重心的南移，在闽、浙、赣之武夷山一带形成中国文化南移后的新的文化重心——朱子学。到南宋末年至元朝，朱子学北传至全国以及日本、韩国等国，成为"东亚文明的体现"。

---

① 陈荣捷：《朱熹》，台湾东大图书公司1990年版，第266—267页。
② 黎靖德编：《朱子语类》卷132，第3183页。
③ 《二程集》，中华书局1981年版，第428页。
④ ［宋］张栻：《南轩集》，载《四库全书本》卷10。
⑤ 引自董天工：《武夷山志》卷15，第498页。

武夷山水与朱子学的形成

对此，学者说："至考亭朱子、勉斋黄氏，师弟子之授受，朋友之讲习，奋然兴起者，如云汉之昭回，如江河之莫御。理学名区，独盛于闽，不惟比拟伊洛，直与并称邹鲁。而程子'道南'一语，遂符合如左券。噫嘻！闽滨东海，屹立武夷诸名胜，元气融液，人与地会，当吾世复有兴者。乌知后之视今，不犹今之视昔也。尔诸生景行前哲，能自振拔，以斯道为己任。吾见闽学之盛行，且自南而北，而迄于东西，不局于一方，不限于一时，源远流长，汪洋澎湃。道之所谓流动而充满、弥纶而布漫者，于是乎统贯于'载道'之人类！"[①]

这是一个十分深刻的国际性的中国文化运动，其出发点是朱熹以儒学融合释、道之学所形成起来的朱子学。

（本文作者为武夷学院朱子学研究中心主任、研究员，武夷山朱子文化研究中心顾问）

---

① ［明］朱衡：《道南源委》卷首，商务印书馆1936年版，第1页。

朱熹山水行踪里的哲学思辨

邹全荣

具有怎样的志向，拥有什么样的情怀，必然决定一个人的思想高度和人生的境界。因此古人才有"读万卷书，行万里路"这样宏观的奋斗标准，要去践行这两个标准是有难度的。表达的是远大，实现的是抱负。大自然造就了许多奇山秀水，有的鬼斧神工，有的天赐大块。每一方山水都有它的独特风光，都有它的优越环境，因此才能吸引高人雅士在山中或游览，或隐居，或著述，或授徒。南北朝文论家刘勰在《文心雕龙》中写道："登山则情满于山，观海则意溢于海。"这就是告诉我们在大自然不同的环境里，内心能生发出不同的感受，而这些感受通过情感内化和思辨，就会形成哲理，为后人所学习和借鉴。

朱熹就是一位十分钟情山水的人。朱熹一生喜欢游览山水，写下许多咏山水的名篇。朱熹的山水诗，以咏山水为快乐，以游山水为践行，且能处处有感悟，处处生哲理。朱熹以师法自然为宗旨，借景和物为发端，穷自然生命之理，显示了一种以理为本、蓬勃向上的生命观。

朱熹一生的行踪，几乎都徜徉在闽北和武夷山的山水间，从而产生了许多内涵丰富具有穿透时空的哲学思辨。朱熹一生在闽北度过了五十几年的岁月时光，与闽北山水产生了不可割舍的情感，由此生发出许多具有哲学灵光的思想，成为影响后人思想、道德、礼仪的行为准则。

风光秀丽的武夷山水，碧水丹山的胜景引起文人寻幽览胜的逸兴别趣，有触景生情、因情抒怀的楹联，有直书名胜、装点山水的题名，都是字字珠玑。自然山水陶冶了人们的性情，启迪了人们的智慧。武夷山的九曲溪水和两岸的悬崖峭壁，就是文人墨客抒发情怀的最佳载体，刻写情怀千年不朽，与绿水青山共生诗情画意。文人驻足在九曲溪两岸留下众多的文化遗存。朱熹在武夷山的山水行踪里，最有影响力的是在九曲溪留下的

道南理窟（吴心正 摄）

《武夷棹歌》和摩崖石刻。

朱熹的《武夷棹歌》，串起了一条溪流的连绵山水画轴，也尽情描绘了以九曲溪为核心的"碧水丹山"的之美。朱熹尤为"五曲"风光所动心，一声长叹"五曲山高云气深，长时烟雨暗平林。林间有客无人识，欸乃声中万古心"。"欸乃声中万古心"一句，表达了朱熹甘于寂寞、心与道同的人生意趣。朱熹留在摩崖石刻中的哲学经典，其中以九曲溪六曲响声岩处的"逝者如斯"最富哲理光辉。

朱熹借孔子之语，表达看九曲溪激流时的心情，以及时不我待的感慨；朱熹题刻"逝者如斯"四字镌于六曲响声岩，字体潇洒飘逸，一气呵成，气息畅通，与溪中的流水相映成趣，引得后人驻足观看，无不唏嘘感叹，在时光的流逝和岁月蹉跎中，感悟人生时光的得与失。摩崖石刻中的四个字，出典于《论语》："子在川上曰：逝者如斯夫。"从题刻可以联想到朱熹对国家多难和身世坎坷的悲愤之情，对理学真谛的执着探究和追求。同时升华为哲理：光阴就像眼前九曲溪的流水，奔流向前，永不停留，因而要珍惜时光，奋发拼搏，不要虚度年华。如五曲礁石上的石刻"茶灶"二字，就是朱熹对武夷"山水茶"文化的禅意解读，不乏对淡泊名利、安于幽静处思索的人生态度。孔子曾认为"知者乐水，仁者乐山"。孔子将自然山水的客观，给予人们的主观的区分，把认识群体分为"智"与"仁"两类，其实这"智"与"仁"是没有分界，也不分高下的，只是山处静，水处动，山以高峻彰显思想，水以低沉凝聚内涵，分举并论。哲人的玄思，启发了后人关于山水审美的智慧。"上善若水，水善利万物而不争，此乃谦下之德也。"老子这样说，他认为上善的人，就应该像水一样。人与自然的和谐，可带来一种情绪和心境。站在山头上，情感就好像弥漫了山；在海边看海，想象就好像海水一般地澎湃。朱熹常年生活在闽北，其环境多为溪山，绿水青山的清幽，引发他的哲学思辨是十分活跃的。九曲溪畔的奇岩怪石，都是他抒发哲理的书写处，如"逝者如斯"就是朱熹在感叹时光之匆匆易逝，也借此警示人们如何珍惜时光和生命。

享誉江南的鹅湖书院，也坐落在风光秀美的鹅湖山北麓山水间。鹅湖书院前面有石山作屏，突兀峥嵘。左右两侧山势合抱，重峰叠峦，苍翠欲滴。其左侧山顶，还有飞瀑倾泻而下，巧似垂挂的银钩。书院所在的那块山谷小平川，更是古木参天，曲径流泉，幽静无比。南宋淳熙二年

(1175)，著名的理学家朱熹、吕祖谦、陆九渊、陆九龄等人在此聚会讲学。鹅湖书院自南宋八百多年来，几遭兵毁，又几次重建。康熙皇帝还为御书楼题字作对，门额题为"穷理居敬"，联语为"章岩月朗中天镜，石井波分太极泉"。鹅湖书院之命的由来，是因为该地原有鹅湖寺的缘故。

朱熹应吕祖谦之邀，不辞闽山赣水之途的艰辛，亲赴铅山参加"鹅湖之会"，与主张主观唯心主义的陆九渊学派进行辩论，哲学上称"鹅湖之辩"。朱熹从鹅湖参加学术辩论凯旋时，途经分水关，多日论战，身心疲惫，但决胜之快意未尽，他驻足于这突踞于闽赣两省的漫道雄关，观察两陂分水，咫尺天底下，看云卷云舒，听涧水交响，顿感心悟，立即口占《题分水关》一诗："地势无南北，水流有西东。欲识分时异，应知合处同。"

分水关居于武夷山脉最高峰黄岗山闽赣两省的交界处，自古成为两省往来的要道。峰脊有一水源，分成两股：流入东面为闽水，流入西面为赣水。这首诗不仅从客观上真实地写出了分水关的自然景观，更有意义的是诗中饱含鲜明的哲学思辨观点。朱熹是南宋时著名的哲学家，更是理学的集大成者。朱熹的哲学思想体系是客观唯心主义，他强调"理"和"气"的关系，通俗地说就是精神和物质的关系。他认为"有理就是有气，但理是本""有理便有气流行发育万物"（《朱子语类》）。

已是45岁的朱熹，哲学思想也进入了"不惑之年"。与朱熹观点相对立的代表者是江西的陆九渊，他的哲学观点是主观唯心主义。他主张"心即理"这个哲学命题，认为心就是理，是万物皆备于我的，那就用不着在客观事物中去寻求知识，也不用参加社会实践，因此，他得出了"致知不假外求"的结论。坚守自己哲学观点的朱熹，针对陆派的哲学观点与自己的哲学观点的不同，在"一水分二"的峻岭上有感而发。诗中所云的"水流""地势"不正代表着一种哲学之源的关系吗？朱、陆都是理学派的代表人物，朱、陆的哲学思想都是从儒家的土壤中成长起来的。孔孟的纲常伦理是他们的"源"，因为他俩的"源"都相同，并且在发展理学的过程中都不断师承程颢、程颐的思想，所以朱熹在诗中才肯定地说"无南北"。"无南北"溯其源正是"合处同"。所谓"有西东"，正如清代学者黄宗羲所说："（朱陆）二先生同植纲常，同扶名教。"不过是认识论上的大同小异罢了。

"欲知分时异",朱熹道出了"鹅湖之辩"的宗旨。朱熹不肯与陆的主观唯心主义相苟同,追求现象世界背后的超感情现实的抽象本质——客观世界。认为"理"是一种"阴阳之外""万物"之前的形而上的东西,而现象被说成是形而下的"气"。陆九渊却反对把理与气、太极与阴阳分为形而上、形而下,避免了朱熹的理学的哲学矛盾,这就难免"有西东"了。

尽管朱、陆二人在理学方面上各有"地势",并且呈"西东"鼎立。流有万千,其源为一,基础都是儒学,都沿袭着孔孟的认识论和封建伦理道德观,所以说"合处同"。朱熹"鹅湖之辩"的胜利,体现了他在发展理学中丰富起来的哲学思辨能力,也看出了他学识肚量的宽宏,并没有站在哲学的分水岭上去贬损陆九渊。细读这首诗,我们不得不被这位大理学家寓情于理的思辨能力所折服。

此外,田野水渠的浪花,也能引起朱熹的哲理思辨。朱熹在春天的大好时光里,漫步乡村田野,身临其境,突发灵感,写下了"胜日寻芳泗水滨,无边光景一时新。等闲识得东风面,万紫千红总是春。"(《春日》)的诗篇。朱熹用形象的语言描绘了浩荡东风带来的生意盎然景象,以景喻仁,因为仁是性之本,仁的外在体现就是生意,正如万紫千红,处处皆春。

也不忘到自然中受其景观的启发,写过《观书有感(其一)》一诗:

半亩方塘一鉴开,天光云影共徘徊。
问渠那得清如许?为有源头活水来。

这首妇孺皆知的诗,大多数人把它当成田园诗解读,其实,它更是一首哲理诗,只是朱熹把哲学思辨色彩通俗化、形象化了。一道水渠,从村野柴扉前悄然流过,谁也不会去想那涌动的浪花里,会寄寓着什么?朱熹听到了沟渠水声的喧闹,朱熹也从跳荡的浪花中发现了闪光的哲理。"问渠那得清如许?"这一发问,抓住了某个哲学命题的实质,而答案很现成,就在源源不断的激越昂扬水浪中。这首诗揭示了守旧与创新、如何更新知识的奥妙、如何认识学术派别之间"源"与"流"等诸方面的内在关系。"源头活水"一词的广泛运用,成了脍炙人口的名言,朱熹这首诗不仅充满了浓厚的哲理思辨色彩，还展示出一幅质朴美丽的田野风光画面。

朱熹能把山水间的气象景观，参悟出哲理："门外青山翠紫堆，幅巾终日面崔嵬。只看云断成飞雨，不道云从底处来。"（《偶题三首》）朱熹由眼前的青山之上云涛断缺处，忽而作雨，忽而天晴的奇景，想到生活中人们只会看到云腾致雨的现象，却不知云从何处来的根底，从而悟出凡事要追求根源的道理。朱熹的山水诗中，可以心领神会地感到自然万物对诗人灵魂的触发。"自然触目成佳句，云锦无劳更剪裁。"（《新喻西境》）"不是胸中饱丘壑，谁能笔下吐云烟。"（《奉题李彦中所藏俞侯墨戏》）只有心物相感，情景交融，才能妙笔生花。所以朱熹作诗强调平淡，而更重"皆从心中出"。朱熹一生中行踪遥远，践履过的奇山秀水不计其数，朱熹自己以诗勉励"登山临水不能休"，他从小就有了向往山水之美的志趣："予少好佳山水异甚。"（《西原庵记》）朱熹诗歌创作数量众多，内容丰富。而尤以山水诗成就较高，是其山水情怀的真实写照。他一生写下山水诗400多首，约占其全部诗歌的三分之一，其中咏闽山水诗总计超过230首。近人陈衍云："晦翁登山临水，处处有诗，盖道学中之最活泼者。"朱熹的山水诗，在承继前代优良传统的基础上嬗变超越，更具哲理思辨的色彩。朱熹好咏自然山水，体现了大自然濡养出具有深邃睿智的哲学思想，山水赋予他诗词文论的哲理，是值得今人借鉴的。

（本文作者为福建省作家协会会员、南平市政协文史研究员、武夷山朱子文化研究中心研究员）

朱子的山水美学

杨义东

朱熹是宋代理学的集大成者，也是南宋重要的诗人之一，他学识渊博，思路开阔，文学修养很深，其大量作品颇具美学思想。

朱熹一生酷爱自然山水，在讲学撰著之余，遍访崇山大川及风景秀丽之处。在游历过程中，留下了大量的山水诗词及山水散文。这些山水诗词，大都情景并茂，生意盎然，且极具哲理内涵，其山水散文也都神会境出，情景交融。这些作品无不表达了朱熹对山水美的感想与见解，因此，这不仅是一份珍贵的山水诗文艺术遗产，也是一份难得的山水美学思想遗产，值得我们好好总结。

山水美学思想在朱子理学美学的体系中占有十分重要的地位。自孔子提出"知者乐水，仁者乐山"的自然美，山水美学在中国传统美学尤其是儒家美学中，始终是个极为重要的内容，而山水美学在文人士大夫中，对个人修身养性和修学讲学方面的美育功能，自宋代随着书院体制的兴起而得到极大的发扬。朱熹正是宋代书院教学体制的集大成的建树者和传播者。为此，山水美学在朱熹的理学美学体系中具有特别重要的意义。

朱熹的山水美学思想是建立在他对山水美的切身感受上，与他的艺术哲学中如本体论的内容不同，朱熹在表述山水美学方面的见解时，几乎完全抛弃了理学家的为理性主义面目，而呈现出极富生命情趣和灵敏感知的诗人气质和优雅品性，其见解也表现为对自身的生命本真体验的一种真实描述，对自身的山水审美感受的一种活泼的透视与透悟。

朱熹一生71岁，有近50年的时间是在武夷山度过的，除了讲学著述，很大一部分的时间是在游历山水。他对仕途为官没有太大的兴趣，终其一生总共才担任九年的地方官和46天的宁宗皇帝待诏兼侍讲，而在书院或精舍讲学、著述达四十余年之久，在这期间只要一有闲暇，便携友去观光踏

朱子的山水美学

天游风光（吴心正 摄）

青，游山历水，其游历兴致之高，赏察之深，足履之勤，重游之频，真可谓与生命相伴，成为其生命活动中一个极为重要的内容，按他自己的说法，就是他可以为此足以乐而忘死。

《福建通志·列传》卷12《朱熹传》这样记叙朱熹的山水情怀：

> 自号紫阳，箪瓢屡空。然天机活泼，常寄情于山水文字，南康志庐山，潭州志衡岳，建州志武夷、云谷，福州志石鼓、乌石，莫不流连题咏。相传每经行处，闻有佳深壑，虽迂途数里，必往游。携尊酒时饮一杯，竟日不倦。非徒泥塑人以为居敬者。

钱穆先生则是如此评述朱熹的游兴："综观朱子一生，出则志在邦国，著述则意存千古，而其徜徉山水，俯仰溪云，则俨如一隐士。其视洙泗伊洛，又自成一风格，此亦可以窥见朱子性情之一面。"所到之处，决然免不了吟诗作赋，那些游历过的山水，为其带来了诗歌创作的灵感，他一生创作了1148首诗，其中山水诗就占了三分之一，达到400多首，而描绘武夷山的就有34首。这些山水诗歌作品无不浸透了朱熹山水美学的缩影。

自淳熙九年（1182）至庆元六年（1200），即朱熹53岁至71去世。淳熙九年九月，朱熹辞两浙东路提举，次年春便在武夷山五曲隐屏峰下，构筑武夷精舍，历半年而成，朱熹欣喜而作《武夷精舍》十二首，对武夷精舍建筑群中的堂、斋、馆、所及其周围的几处自然胜迹作了生动形象的描绘。次年，朱熹率门人弟子畅游武夷九曲，写下极富特色的《武夷棹歌》，成为朱熹山水诗的代表作。朱熹在山水诗中，不仅生动地描绘了山水自然美景，更是淋漓尽致地表达了他对山水自然的独特审美情怀，这种表达可谓毕生不已。

如《百丈山六味（其六）·瀑布》："巅崖出飞泉，百尺散风雨。空质丽晴晖，龙鸾共掀舞。"前两句写瀑布自其上喷涌而出，散沫喷雾，后两句写瀑布晶莹明澈，阳光照耀下如龙鸾掀翻飞舞。全诗语言清新，形象生动地刻画了瀑布形态，洋溢着对瀑布的无比喜爱之情。自然山水本身充满了诗情画意，为诗人提供了源源不竭的创作源泉。朱熹擅长写眼中景、景中人，景与人结合，两者达到和谐而生一种景趣。诗人与自然山水的同一，其山水诗充分展现了景趣、意趣、理趣的美学特征。

除此之外，朱熹的散文以及写给朋友的书信中都充分体现了这种山水美学的情绪。其具有代表性的散文《云谷记》，可谓是朱熹山水美学观之大全，既详细记录了山水形胜之美，又表达了作者对景观的独特见解，并且表明了山水审美的态度和推崇阳刚雄伟和飞动之美的审美取向。

朱熹的"乐而忘死"的山水美学情怀是与他的"悠游林泉""潇洒啸咏"的书院生涯是紧紧联系在一起的。宋代是我国书院教育体制的盛行时期，作为南宋时期理学的集大成者和著名的教育家，朱熹对中国的书院教育体制的发展和盛行做了重大的贡献。根据《紫阳朱氏建安谱》记载，朱熹在南方关联书院有27所；先后复兴了著名的岳麓书院与白鹿洞书院，并创建了寒泉、云谷、武夷、竹林四所精舍，这是有据可查的，这几所书院和精舍，在我国的书院发展史上都产生了深远的影响。

朱熹在建造书院时，非常重视地点的选择，无论紫阳书院还是考亭书院，朱熹都注意选定当地风景最优美的地方作为院址。朱熹"优游林泉"，"潇洒啸咏"的书院生涯在武夷精舍的设计方面体现得最为典型。关于朱熹创办武夷精舍的缘由经过，朱熹的好友韩元吉在《武夷精舍记》中表述得很清楚：

> 吾友朱元晦居于五夫里，去武夷一舍而近，若其后圃，暇则游焉。与其门生弟子挟书而诵，取古诗三百篇及楚人之辞，哦而歌之，潇洒啸永，留必数日。盖山中乐悉为元晦之私也。予每愧焉。淳熙十年，元晦既辞使节江东，遂赋祠官之禄，则又曰，"吾今营其地，果有山中之乐矣"。盖其游益数，而于其溪之五折，负大石屏，规之以精舍，取道士之庐犹半也。诛除茅草，仅得数亩。面势幽清，奇石佳木拱揖，映带若阴相而遗我者。使弟子辈具畚锸，集瓦木，相率成之。元晦躬画其处，中以为堂，旁以为斋，高以为亭，密以为室。讲数肄业，琴歌酒赋，莫不在是。

这是何等潇洒的书院生活，文人墨客所崇尚的吟风弄月林泉之乐在这里得到了淋漓尽致的体现。朱熹自己也在《武夷精舍杂咏·诗序》作了如是的记载：

> 武夷之溪东流凡九曲，而第五曲为最深，盖其山自北而南者至此而

尽，耸全石为一峰，拔地千尺，上小平处微戴土，生林木，极苍翠可玩，而四隤稍下则反削而入，如方屋帽者，旧经所谓大隐屏也。屏下两麓，坡陀旁引，还复相抱，抱中地平广数亩，抱外溪水随山势从西北来，四屈折始过其南，乃复绕山东北流，亦四屈折而出。溪流两旁丹崖翠壁，林立环拥，神剜鬼刻，不可名状，舟行上下者，方左右瞻顾，错愕之不暇，而忽得平冈长阜，苍藤茂木，按衍迤扉，胶葛蒙翳，使人心目旷然以舒，窈然以深，若不可极者，即精舍之所在也。直屏下两麓相抱之中，西南为屋三间者，为"仁智堂"也。堂左右两室，左曰"隐求"，以待栖息；右曰"止宿"，以延宾友。左麓之外，复前引而右抱，中又自为一坞，因累石以门，而命曰"石门之坞"。别为屋中以俟学者之群居，而取《学记》"相善而观"之义，命之曰"观善之斋"。石门之西少南，又为屋以居道流，取道书真诰中语，命之曰"寒栖之馆"。直观善前山之巅为亭，回望大隐最正且尽，取杜子美诗语，名以"晚对"。其东出山背临溪水，因故基为亭，取胡公语名以"铁笛"。说具本诗注中。寒栖之外，乃植楥列樊，以断两麓之口，掩以柴扉而以"武精舍"之扁揭焉。经始于淳熙癸卯之春，其夏四月既望，堂成而始来居之。四方之友来者亦甚众，莫不叹其佳胜，而恨他屋之未具，不可以久留也……总为赋小诗十有二篇，以纪其实。若夫晦明昏旦之异候，风烟草木之殊态，以致于人物之徜徉，猿鸟之吟啸，则有一日之间，恍惚万变而不可穷者，同好之士，其尚有以发于予所欲言而不及者乎哉？

可见武夷精舍的创立，从环境地址的选择、建筑布局的搭配、院舍堂室的命名，到生活设施的安排、讲学情氛的营造，都充分体现了与"造化俱游"与林泉共乐的山水审美情趣和人文精神。因此朱熹的武夷精舍在当时和后代都影响巨大，难怪四方来者叹其"佳胜"而恨不能久留。从美学的角度来看，朱熹的这种林泉书院教学充分体现了山水自然的美育功能，他的"优游林泉""潇洒啸咏"的书院生涯无不充分体现了他的山水审美情趣。

(本文作者为武夷山朱子文化研究中心研究员)

拱辰山下朱子之年少情怀

范传忠

拱辰山，坐落在福建省武夷山市五夫镇。"拱辰"二字语出《论语·为政》："为政以德，譬如北辰，居其所，而众星共（拱）之。"依据民国二十九年《崇安县新志》所载，拱辰山"在起贤山前，三峰横列。下，刘民先宅。上有开善寺。中间则刘忠显、刘屏山二墓。"另据县志载，今之五夫镇，古时称崇安（今武夷山市）五夫乡者，有仙洲山、拱辰山、仙亭山、黎岭山、起贤山、屏山、啸天山、宴坐岩、桂岩、西坑岭等众多山峰。五夫里是为"邹鲁渊源"之福地。

开善寺，位于拱辰山之拱辰岩下。据《八闽通志》载，该寺始建于五代唐同光初年（923）。南宋建炎初年（1127），太师忠显魏国公刘韐归葬于拱辰山开善寺之左侧山中。恩赐开善寺为功德院，赠额报恩开善功德禅寺，改称"开善院"，拨有粮田五百石。据《建州弘释录》记载："屏山先生刘子翚，尝修开善院，屡延名德主之，共为法喜之游。"南宋绍兴四年（1134），大慧宗杲禅师入闽，应刘子羽、刘子翚兄弟二人之请，于开善寺升堂说法。开善寺就成为大慧宗杲禅师入闽第一住院。绍兴八年，大慧宗杲禅师法嗣道谦禅师从杭州径山归隐五夫里仙洲山密庵。后来，与其同在大慧宗杲禅师座下学法的刘子羽居士又恭请道谦禅师住持开善寺，一时四众云集，法筵大开。继有宋代大词人辛弃疾之同门友肯庵圆悟禅师亦接续弘化于此。开善寺自此在五夫里非同一般，因众位有道高僧布施趋法而愈为热闹非凡起来，成为"看话头"禅法和"禅茶文化"在福建衍传之祖庭地。

时至今日，武夷山五夫的这一座山，这一门寺，杏坛法显，虽历经风雨，依然是熠熠生辉。我们可以尝试着推开华夏民族简史的门窗，穿越800多年的时空，去到那个相对宋人而言正值山河破碎却是南渡之后偏安

拱辰山下开善寺（范传忠 摄）

拱辰山下朱子之年少情怀

一隅的南宋小朝廷时期。就在福建闽北武夷山地区，在五夫里，拱辰山下，也因社会历史及家族家庭渊源而厚养着一位"出入佛老，泛滥百家"的青少年，他的名字叫朱熹，即后来成就为理学宗师的朱熹，后世都尊称其为朱子。依据拙作《朱子文字在武夷》之"朱熹简明年谱"可知，绍兴十三年（1143），朱松于建州（今福建建瓯）城南的环溪精舍去世。弥留之际，时值于崇安五夫里奉祠家居的知交友刘子羽去探视他，朱松手书以家事托付之，又致书崇安籍溪胡宪、白水刘勉之和屏山刘子翚等三位道学密友一同教育朱子。依据《朱文公文集》卷九《屏山先生刘公墓表》记载，病榻之上的朱松对朱子如是说："籍溪胡原仲、白水刘致中、屏山刘彦冲，此三人者，吾友也。其学皆有渊源，吾所敬畏。吾即死，汝往父事之，而唯其言之听，则吾死不恨矣！"是年末，刘子羽便将孤儿寡母的朱子一家大小接到五夫里，安置于潭溪之畔一座五间的旧楼（即后来的"紫阳楼"）居住。由此，朱子就正式开启卜居武夷山五夫里的生活，拉开了他青少年时期别样人生序幕。五夫里的淳朴民风学风、宜居颐养之地气，都息息眷顾着这位尚未达到弱冠之年的朱子，比照大多数普通人而言曾经也有晦涩、懵懂、无知的青少年时光，朱子之年少激荡情怀依然可以激发起如今的我们更多地怀想……

怀想之一：朱子的悲催家世与其慧根励志之童年

人们常常说起朝代历史或是历史人物，都会去追溯其历史渊源。说到朱子，自然就要说到对他进行最早启蒙教育的父亲朱松。朱松，字乔年，号韦斋，祖籍徽州婺源（今属江西）。婺源朱氏共有九世，到朱松这一代，家业败落，朱家大族已经跌落到小地主的边缘。北宋政和八年（1118），22岁的朱松考取功名，以进士及第授迪功郎，初授建州政和县尉。而后，朱松把婺源家中仅有的百亩田地抵押给人得到盘缠，率一家八口入闽侨居。不久，朱松就因父朱森离世丁忧去职，成为一个流落失职的穷愁小吏。朱子的母亲祝五娘，祖上也是新安的名门望族，后来因方腊起义而被焚荡家业，再与媚事权贵的小人打官司失利导致倾家荡产。至祝五娘嫁给朱松时，已是家道败落。朱松入闽后的好长时间，因时局战乱等多种因素影响，一家大小都在建州、南剑州和福州一带过着四处寓居的漂泊生活。朱子，从其降临人世间第一天起，就开始了颠沛流离的童年生活。直到南宋绍兴二年（1132），朱松携家赴任泉州石井镇监税，才算告别流落逃亡生活，寄居异乡。不料两年后，朱松母亲程氏卒，他又归政和丁忧。这期间，朱松家景日渐困窘，朱子的两个哥哥都在饥寒中死去了。从这些简约的描述中，令人深深地感慨起朱子的悲催家世。

朱松一生习儒读经，饱读孔孟著作却无用于世。朱松入闽后，与延平学者李侗一起还受学于福建理学鼻祖杨时的高足——延平罗从彦。朱松又极有济世爱国之精神，是位激进的抗金派，以"不附秦桧请祠"（清康熙《武夷山志》卷一六《名贤》上）为时人所推崇。他对教育朱子尤其用心并寄予莫大希望。伴随着朱子的诞生与成长，朱松就将自己毕生所学的儒家经世致用思想在自觉与不自觉的情况下影响并教育着朱子。朱子自幼即受教于其父朱松，我们可以从朱松守丧服除，入朝供职前给刚入小学的朱子作《送五二郎读诗书》一诗得到充分印证。朱子在尤溪始入小学、诵《孝经》和"四书"，且聪慧异常，好学励志。在郑氏馆前沙洲上，与群儿嬉游，独坐沙画卦。读《孝经》时，在书额题字自勉："若不如此，便不成人。"某日，朱松指天说："此天也。"朱子问："天上何物？"又曾指日问："日何所附？"朱松说："附于天。"朱子又问："天何所附？"朱松奇之。绍兴七年，朱松应召入朝为秘书省校书郎，将朱子母子寄居浦城并专门为朱子请了塾师，让他开始接受正规的儒家六经训蒙教育。绍兴八年，朱子开始读《孟子》，当读到"圣人与我同类"便立志想做"圣人"。而后，朱子随父到了临安（今浙江杭州），朱松又为朱子延请了老师杨由义教育他。这个杨由义是出入公卿门庭的布衣贫士，词翰典丽，忠义爱国。他向朱子传授了司马光的《杂仪》等书。朱子随父从师期间，相继认识了都下有名的理学先辈。如当时声望卓著的理学大儒尹焞，他是程颐的四大弟子之一。朱子抄录了尹焞的《论语解》，以致后来的他特别爱读《论语》，并在四书中首先集诸家之说写成《论语详说》，该文就深受尹焞的影响。又随父见到了开创湖湘学派的理学大师胡寅。胡寅是籍溪胡安国的长子，龟山杨时的弟子。胡寅所著的《崇正论》反异端思想给朱子所作《释氏论》有很大的影响，而胡寅的《论语详解》也成为朱子《四书章句集注》征引的要书之一。"绍兴和议"之后，历经对国事由希望到失望的朱松奉祠归闽，从此就全身心地把精力用在对朱子的教育上。朱松主要以孟子之《中庸》为本的家庭理学训蒙和《春秋》学的忠孝节义以及他抗金爱国的思想教育朱子。另外，朱松还从如何作诗和读经的方法上教会了朱子诗歌创作。到了绍兴十二年（1142），朱子的诗文已是出类拔萃的了。纵观相关记载所述，这些绝非穿凿附会之说，朱子的童年成长过程确实与古往今来之芸芸众生有许多的不同之处。

怀想之二：朱子在武夷山五夫里、拱辰山下度过的年少时期

朱子少年失怙，移居崇安五夫里，便开始了他"出入佛老，泛滥百家"时期。其实，早在朱松托孤之前，"武夷三先生"（即胡宪、刘勉之和刘子翚）就对朱子较为熟识了。依据"朱熹简明年谱"可知，绍兴八年，朱子初见白水刘勉之；绍兴十年，朱子随父至崇安，初见刘子翚。……朱子正是得到父亲朱松的这帮道学密友们所担负起的责任教育，成为他茁壮成长的重要力量源泉。他们的亲力亲为，谆谆教诲，春风化雨，最终成就朱子成为一代理学宗师。结合本文要旨所述，这里只重点介绍与年少时期之朱子最为关联的几位历史人物，即道谦禅师、圆悟大师、刘子羽、胡宪、刘子翚、刘勉之等。

如前文所述，道谦禅师是刘子羽延请至开善寺任主持的。据记载，道谦禅师，原姓游，家世业儒，建州崇安县五夫里人。15岁时，他就到开善寺削发为僧。后来北游京都，初师事圆悟大师，再师从大慧宗杲。参禅20年，悟得密传心印、"禅茶一味"等思想。绍兴八年，南归乡居武夷山五夫里仙洲山筑清湍亭，结密庵。当朝的曾开、刘子羽、刘子翚、朱熹、吕本中、吕祖谦等名儒名仕都与道谦禅师交往甚密。绍兴十四年，15岁的朱子在崇安五夫里从师受教于刘子翚并在其住所初次见到道谦禅师。我们可以想象当时情境大概是这样的：道歉禅师见到了朱子，对其高谈阔论并没有表示可否，却对刘子翚说："某也理会得个昭昭灵灵底禅。"刘子翚后来告诉了朱子，朱子以为这个禅师有什么高妙的玄说，便又跑到密庵去叩问。这样朱子一下子就被道谦禅师的"昭昭灵灵底禅"给迷住了。到了绍兴十六年，道谦禅师主持开善寺，朱子便向他正式问禅学道。大约也就在这一年，朱子拜道谦为师。此后的朱子常常去密庵"寄粥"学佛，在《朱文公文集》卷六《游昼寒以茂林修竹清流激湍分韵赋诗得竹字》的这首朱子回忆长诗中有写到"我生虽已后，久此寄斋粥"句，可以衬托说明。道谦禅师编的四卷《大慧语录》，成为朱子学悟禅的一本最好"课本"。绍兴十八年（1148）春，朱子就带着这本《大慧语录》赴临安参加礼部试，在《易》卷和《论语》《孟子》义中援用道谦"昭昭灵灵"的禅说，一举中选。绍兴二十二年，道谦禅师圆寂后，朱子作《祭开善谦禅师文》并到庵中祭奠他。朱子追随道谦学禅，他以佛兼儒之学，教授朱子授佛入儒之妙，朱子是颇得教益。道谦禅师的思想对后世的朱子理学也有着深远的影响。

武夷山五夫里拱辰山下开善寺的另一位主持肯庵圆悟大师，即圆悟克勤禅师，号肯庵，法性圆融。据传，其俗家姓骆，四川崇宁人氏。后参谒五祖法演禅师，蒙得印证。圆悟克勤是宋代"佛门三杰之一"，奠定了临济宗杨歧派的主流地位。他所作《碧岩录》，被后世称赞为禅门第一书，是其后历代禅僧参禅悟心的必读要典。圆悟克勤禅师对茶道颇有研究，曾题写"禅茶一味"墨迹，亦是成此法语形成的一位关键性人物。朱子年少时认为"开悟之说，不出于禅"，所以常去开善寺与圆悟大师品茶论道，吟诗唱和。圆悟大师曾经授儒学与朱子，朱子也特别敬重大师。圆悟大师去世后谥号"真觉禅师"，朱子特作《吊圆悟大师》诗以示纪念。

年少时期的朱子"出入佛老，泛滥百家"其实也与他在武夷山五夫里最为重要的四位老师有莫大的关系。我们先说说刘子羽，他是五夫里刘氏家族有"三忠一文"之誉的重要人物之一，是位抗金名将，文武全才，智勇双全，与朱松是知交。受到朱松的托孤，刘子羽悉心照料年少的朱子。朱子后来曾写道："先生……尤以收恤孤穷为己任。"报恩之情，跃然纸上。再就是"武夷三先生"，他们都是洁身自守的饱学大儒，高尚其事，高蹈其行。作为理学家，他们在理智上信奉着修齐治平、积极济世的传统儒学，但在感情上、趣味上、心理上却更同佛道神妙莫测的玄学相投。所以他们与其时的大慧宗杲禅师、道谦禅师等都异常交好。而且，他们又时常喜好携诸生讲学山中，传经授史，吟诗作文。年少的朱子就这样在"武夷三先生"的教育下接受了"二程"理学思想，同时也接受了迷好老佛之说。在"武夷山三先生"中，胡宪的影响最久，朱子受学事之达19年；刘勉之不仅教授朱子，后来还把女儿刘清四嫁给朱子，是为朱子之岳父。

怀想之三：拱辰山下哺育出的时代达人之朱子精神

作为程朱理学集大成者的朱子，是继孔孟以来最杰出的儒家学者，他致广大、尽精微，综罗百代的"朱子理学"构筑起中国儒学发展史上一个新阶段。武夷山又是如何孕育出这一伟大思想学说的，正如朱子他自己所赋的《观书有感（其一）》那样："半亩方塘一鉴开，天光云影共徘徊。问渠那得清如许？为有源头活水来。"其"源头活水"，当来源于伴随着他茁壮成长的摇篮地——武夷山五夫里，也有拱辰山与其山下的开善寺。

可以说，宋代是中国古代文化最为光辉灿烂的时期之一，社会的平民化、世俗化、人文化趋势明显。作为那个时代达人的朱子，"出入佛老，泛滥百家"，若要考察他的精神，他的真性情，笔者更愿意从朱子的人格魅力上去解读其精神。今体悟有三，以示分享，求证方家。

1. 朱子的磨砺人生催生了他早慧之年少人生

通过上述简要解读可知，朱子自幼受教于父，聪慧灵动，好学励志。移居武夷山五夫里，受学"武夷三先生"、道谦禅师等。朱子15岁时，勤攻"四书"，读吕大临《中庸解》与孟子"自暴自弃"章，作《不自弃文》。其文中语句"故怨天者不勤，尤人者无志。反求诸己而自尤自罪、自怨自悔，卓然立其志，锐然策其功，视天下之物有一节之可取且不为世之所弃，岂以人而不如物乎！"是特别的励志精要论述。当下，我们完全可以用"扬弃"的观点加以继承，并将此深化升华去解读朱子的年少情怀，一样可适用于普及当今的青少年们如何更好地做到励志好学，穷尽义理。

2. 朱子的高尚人格及其润泽涵养、忠孝仁义值得称道

朱子少年失怙，孤儿寡母移居武夷山五夫里，虽然得到刘子羽的悉心照顾及"武夷三先生"的极尽教诲，我们依然还是可以揣测其寄人篱下之窘困的。但是，其忠孝之厚道在后来的时光中依然淋漓尽致地展现给我们。在拱辰山的刘韐墓前，据《八闽通志》卷七十九载，朱子题拜墓诗："理乱由来今古同，覆车那肯戒前踪？纷纷误国人无数，不愧丹心只此公。"朱子极尽其能倾心力作的《刘公神道碑》，以酣畅淋漓的笔墨，精炼明快、情感深沉的文字，亲自撰文并书去讴歌刘子羽丰功伟绩的一生；朱子题写"两汉帝王胄，三刘文献家""八闽上郡先贤地，千古忠良宰相家"两副对联给五夫里刘氏家祠，以褒扬刘氏家族先哲们在历史上所建立的丰功伟绩；朱子撰写"理穷诸史道溯洙泗，学冠全经教源二程"是对其老师道业学术予以的总结和推崇。道谦禅师圆寂坐化，朱子撰文并至庵中祭

奠；圆悟大师去世，朱子作诗以示纪念。对于其父则三迁其家，就在朱子去世前的一年，因"庆元党禁"困顿之境地的他还撰写《朱松行状》纪念父亲，足证他临危而不改其孝心。对恩师李侗及其他重要师友等的辞世则哭祭撰文以示。朱子还一贯认为"忠孝"极其重要，在武夷山景区九曲溪之二曲溪南的勒马岩镌刻"忠孝"崖刻，又连书题写"忠、孝、廉、节"四字于岳麓书院和白鹿洞书院，还题赠楹联"忠孝持家远，诗书处世长"给农家人等。

3. 朱子极富才情，诗文书画俱佳，延伸拓展了他桀骜而雅致又真性情的人生

在理学家中，朱子是个非常难得的完人。他一生好学为学，孜孜不倦。"为学须先立志""有则改之，无则加勉""自敬则人敬之，自慢则人慢之""慎勿谈人之短，切莫矜己之长""勿以善小而不为，勿以恶小而为之""读书不可不读，礼仪不可不知"等脍炙人口的名句，都出自朱子诗文，其实正是他为学为人的直接写照。朱子以学问济世之夙愿，着实值得钦佩，即便是他即将离世的最后几天里，在病情严重恶化的情况下，他仍然坚持写作，笔耕不辍；晚上依旧继续给在建阳考亭沧洲精舍的学生讲课，且经常是到半夜才休息。朱子老松劲节之精神，令人肃然起敬。朱子一生燕居而生性豪迈，据统计留存至今诗词约有1260多首，其数量之多是当时宋代理学家中作诗仅次于邵雍的人。朱子题写自画像有三次，61岁时还对镜写真，题词自警，是个了不起的画师。朱子对于书法，也是一生临池不辍。明代史学家、文学家、书画家陶宗仪如此评价："朱子继续道统优入圣域，而于翰墨亦工。善行草，尤善大字。下笔即沉着典雅，虽片缣寸楮，人争珍秘，不啻兴圭璧。"有关文献资料表明，朱子撰写的琴论著述有《琴律说》《闻琴》《琴操》《黄子厚琴铭》《声律辨》《紫阳琴铭》《律吕新书序》等篇章。钱穆先生在《朱子学提纲》中说："朱子好琴，精于乐律。"这就说明他既是一位娴熟的古琴演奏家，又是一位高明的琴学理论家。精于乐律而又有真性情的朱子，认真体悟生命与自然之情趣，琴酒抒怀赋诗寄情山水，在慧心中寻道。这一说法，我们是可以从他年少时随父于临安期间的一些活动记载看到，朱子在陪侍有豪杰之气的胡寅，亲眼看见他在醉饮之后，仍慷慨吟唱诸葛亮的《出师表》，朗朗诵读张庭坚的《自靖人自献于先王义》与陈了翁的著名奏章，感动四座。朱子后来也终

拱辰山下朱子之年少情怀

身好饮酒诵《出师表》，以陈了翁的操守学行砥砺自己。朱子年少时不好举业，儒、释、道无所不学。待次赴任泉州同安县主簿前，就往武夷山冲佑观访道，并耽读道经，学长生飞仙之术。直至后来，与道士甘叔怀等交好，作《南乡子》词以赠，并为《河图》《洛书》《先天》三图刻于阁皂山摩崖作跋。年少的朱子涉略知识极广，兴趣点多且如此博学，泛滥百家而又不拘泥，极是突显其真性情的一面。

如今我们再议朱子，综合解读并勾画出武夷山五夫里之拱辰山下朱子的年少情怀，他后来的功成名就但又极其不平凡的一生，是与其青少年的经历息息相关的。作为新儒学的领军人物，朱子继承并创新发展孔孟思想，批判性地兼收并蓄了佛、道文化中的合理性因素而成为宋代理学的集大成者。朱子之学问渊博，于学问无所不窥，在经学、史学、文学、天文、地理、韵律、书画等领域都有很高造诣。心静！悦读朱子，风雅自来！言及当下，我等也有幸身居如此宜居颐养之地——碧水丹山（出自南朝·江淹对武夷山之赞词，镌刻于九曲溪之一曲溪北的水光石），再追思古今之芸芸众生，又想到真正可以做到立德、立功、立言者，莫过于王阳明。因这五夫之拱辰山仍是武夷山水的重要组成部分，再想到武夷之真山水（"真山水"为清·林翰题刻，在九曲溪之四曲溪北的溪谷岩），由朱子之这一真性情，就不自觉地会想到当今国际知名环境美学大师、武汉大学陈望衡教授的这句话来，同样亦将其作为本文的结束语："山水与伟人本就是不可分的，如果说，武夷山水的人化就是朱子，那么，朱子慧心的物化就是武夷山水。"

（本文作者为武夷山朱子文化研究中心研究员）

朱子与武夷山摩崖石刻

赵建平　黄胜科

武夷山摩崖石刻自东晋郭璞始,历唐、宋、元、明、清、民国,1700多年题刻不辍。400余方镌有诗词、歌赋、游记、题偈、楹联、榜书的石刻,在这山谷岩麓中留了下来。朱子在武夷山驻足山水,或登览指顾,或箫咏唱和,或品茗山水,或以景喻理。他一生差不多有50年在武夷山度过,是武夷山水滋养了朱子,给了营养和灵感,将一怀情愫托付在这提按顿挫、枯湿浓淡的方寸之间。

一、福建朱子题刻概况

据民国《福建通志》记载,朱子撰题的碑铭摩崖共70余处(方),分布于建宁、崇安(武夷山)、尤溪、莆田、光泽、闽清、永泰、晋江、同安、安溪、延平、顺昌、建安、建瓯、建阳、松溪、浦城等20多个县,以崇安和同安为最。武夷山现存朱熹摩崖题刻(不计碑刻、匾额及后人撷朱熹诗作、遗墨补刻)共13方,约占武夷山风景名胜区内现存古代摩崖题刻(指清代及其以前,不计碑铭、坊刻)341方的3.8%,占现存宋代摩崖题刻35方的37%,数量仅次于明万历年间隐居于武夷山云窝的卸任兵部侍郎陈省(32方)。朱子不仅是一位著名的哲学家、教育家,书法饱满、遒劲,自成一体,不失为书法珍品。因此,也是一位杰出的书法家。同许多文人雅士一样,朱熹也常山谷岩麓中登览指顾,以情绘景、抒怀明志,为后世留下一笔不可多得的文化瑰宝。

二、武夷山朱子题刻的几个内容

1998年武夷山申报"世界文化与自然遗产"时,朱子题刻作为理学遗迹项目,受到联合国教科文组织专家的重视,为武夷山列入《世界遗产名

摩崖石刻（陈颖　摄）

录》铺平了道路。归结起来，朱熹在武夷山的题刻主要有四个方面的内容。

1. 哲理题刻

武夷山表达朱熹理学思想的题刻有"逝者如斯""天心明月""忠孝"及已佚的"沧浪歌"等。"逝者如斯"四字镌于六曲响声岩，竖书2行，幅面（高×宽，下同）130×120厘米，每字规格50×45厘米，离地高度（指字幅上沿至岩前站立地面，下同）350厘米。题刻出典于《论语》："子在川上曰：逝者如斯夫。"从题刻可以联想到朱熹对国家多难和身世坎坷的悲愤以及对理学真谛的执着探究和追求，同时告诫世人光阴就像眼前的流水，奔流向前，永不停留，因而要珍惜时光，奋发拼搏，不虚度年华。"天心明月"镌于二曲溪南的楼阁岩，竖书一行，幅面230×50厘米，每字规格50×42厘米，距地高度540厘米。朱熹以这四字启示人们理解"理一分殊"的哲理。正如他对"理一分殊"的通俗解释：一方面是一理摄万理，犹如天上一月散而为江河湖海之万月；一方面是万理归于一理，犹散在江河湖海之万月，其本乃是天上之一月。"忠孝"两字镌于二曲溪南的勒马岩、二曲棹歌东侧，横书，幅面60×100厘米，每字规格50×40厘米，距地高度180厘米。朱熹一贯认为这两字极其重要，曾连书"忠孝廉节"四字于岳麓书院和白鹿洞书院，又书"忠孝持家远，诗书处世长"。可见朱熹对这两字的重视程度。将这两字摩崖刻石，当然是希望他这一思想能代代相承、发扬光大。

2. 纪游题刻

朱熹在武夷山50多年，身临其境，千百次驻足山水，箫咏唱和。惜朱子偕友游览武夷名胜的纪游题刻仅存两方，都在六曲响声岩。一方刻于淳熙二年（1175），全文为："何叔京、朱仲晦、连嵩卿、蔡季通、徐文臣、吕伯共、潘叔昌、范伯崇、张元善，淳熙乙未五月廿一日。"竖书18行，每行仅2字，幅面57×410厘米，每字规格19×19厘米，距地高度190厘米。这幅石刻与中国哲学史的一场著名辩论紧密相连。南宋淳熙二年，朱熹率学友、弟子等人，偕同浙东派学者吕祖谦师徒前往与崇安毗邻的江西铅山县鹅湖寺，同江西派学者陆九龄、陆九渊兄弟进行学术论辩，这就是哲学史上有名的客观唯心主义学派（以朱熹为代表）同主观唯心主义学派（以陆氏兄弟为代表）的一场大辩论，史称"鹅湖论辩"。行前，朱熹、吕祖谦等偕同学友、门生等游览武夷山，并勒石纪胜。刻石文字中的何叔京名何镐，邵武学者，是朱子的弟子与学友；朱仲晦即朱熹；连嵩卿名连崧，邵武学者，朱熹弟子；蔡季通名蔡元定，朱熹第一门徒，建阳理学家；徐文臣，旧志载为"徐宋臣"，但实地核对，应是"文臣"；吕伯共（恭）即吕祖谦；潘叔昌名潘景愈，浙江学者；范伯崇名范念德，建阳学者，朱熹弟子；张元善即詹体仁，一度随舅姓张，崇安学者，朱熹弟子。短短36字，不仅记录了这场大辩论的时间，更记录了参加论辩的主要人物，成为"鹅湖论辩"考古重要实证，意义非凡。另一幅纪游题刻镌于淳熙五年（1178），距前仅3年，题刻全文为："淳熙戊戌八月乙未，刘彦集、岳卿、纯叟、廖子晦，朱仲晦来。"竖书6行，幅面170×210厘米，每字规格38×30厘米，距地高度1200厘米。题刻记录了朱熹与理学挚友、弟子频繁交往、切磋磨砺的情况。其中刘岳卿名刘甫，崇安人，抗金将领刘衡之子，遵父嘱终身不仕，隐于武夷山水帘洞，朱熹与蔡元定等常到水帘洞共探理学奥义。刘甫逝世后，人们在水帘洞建三贤祠，祀刘子翚、刘甫、朱熹三贤。廖子晦名德明、顺昌人，朱熹弟子；刘纯叟名尧夫，抚州金溪人，朱熹弟子。

3. 景名题刻

朱熹在武夷山的题景刻石不多，现存的仅"小九曲""茶灶"两处。据清《武夷山志》、民国《福建通志》载，在溪南灵岩（一线天）还有"灵岩"两字，但或已风化，或被苔藓覆盖，尚未发现。"小九曲"3字刻于四曲溪北的金谷岩，横书1行，幅面70×160厘米，每字规格37×33厘米，距地高度490厘米。金谷岩前有洲石耸立溪中，峥嵘突兀，昂首斜向，岩面平滑如削，形状特异，名试剑石。试剑石西，巨石罗列差互，清湍洄伏其中，曲流通幽，颇具溪山胜概，人称小九曲。"茶灶"刻于五曲溪中茶灶石上，横书，幅面60×100厘米，每字规格50×35厘米，离地高度120厘米。茶灶为朱熹武夷精舍12景之一，位于武夷精舍西侧溪流中，为一块天然洲石，上有数处砾石脱落岩穴，可燃炭煮茗。朱熹经常偕友到石上煮茗论道，并有《武夷精舍杂咏·茶灶》诗一首："仙人遗茶灶，宛在水中央。饮罢方舟去，茶烟袅细香。"

4. 武夷棹歌

武夷棹歌体量大，是个综合性题刻。因此，从题刻单列出来。朱熹

《武夷棹歌》共10首，是最早赞美武夷山九曲溪两岸风光的棹歌。郭沫若《游武夷泛舟九曲》就有"棹歌首唱自朱熹"之句。《武夷棹歌》约作于南宋淳熙年间，此后，成为千古绝唱，代代相传，直至今日，乘筏游览，仍可听到筏工击棹引颈的高昂歌声。历代也多有步韵唱和者，如宋代的方岳，明代的刘信、张时彻、黄仲昭、郑善夫、马豹蔚、江以达，清代的张坦、来谦鸣、僧明钦、王复礼、董天工等都曾和朱熹原韵讴歌九曲。据民国《福建通志》载，《武夷棹歌》10首全部镌刻于九曲溪各曲岩壁，但对镌刻时间尚难确定："云'淳熙甲辰仲春精舍闲居戏作《武夷棹歌》十首，呈诸同游相与一笑。'今拓本无年月，不知何时上石，无可考矣。"但估计也是朱熹闲居武夷精舍时（1183—1190）镌刻于石。10首棹歌，经800余年的风雨砥砺，至今尚存一曲、二曲、四曲、五曲、六曲、八曲6方，分别刻于一曲水光石、二曲勒马岩、四曲题诗岩、五曲晚对峰、六曲响声岩、八曲溪北岩壁。为了让游客乘筏游览时能完整欣赏朱熹这一千古绝唱，武夷山风景区管理部门于1997年又分别补镌了二曲、三曲、五曲、七曲、八曲、九曲棹歌（其中二曲、五曲棹歌因朱熹原刻离岸较远，在水中难以看见，故也补镌于乘筏可见处）。《武夷棹歌》已成为武夷山九曲溪精品旅游线路的重要文化景观。

三、朱熹武夷山题刻的特点

1. 年代较早

现存朱熹在武夷山的13方摩崖题刻中，有两方有明确的镌石时间，一为淳熙二年，即1175年，一为淳熙五年，即1178年，其他11方均无款识，没有具体勒石时间。但从其活动情况分析，应都在绍熙元年（1190）以前。绍熙元年四月，61岁的朱熹赴漳州任职，卸任后，迁居建阳考亭，直至庆元六年（1200）去世。这期间，虽也有数次回武夷山，但都是来去匆匆，不大可能题字勒石。据旧志载，武夷山虽有晋郭璞题谶九曲霞斐洲，唐时酒狂许题诗四曲、颜行之勒石一曲幔亭峰下，但现都已无存。现存的300多方古代摩崖石刻中年代最早的是35方宋代石刻。而这35方宋代石刻，除了朱熹的题刻，年代在绍熙元年之前的仅3方，一方刻于淳熙六年，一方刻于淳熙七年，一方刻于淳熙九年。所以，虽然不敢说朱熹开武夷山摩崖题刻之先河，但朱熹题刻至少是武夷山现存最早的摩崖题刻。

2. 相对集中

武夷山现存摩崖石刻分布于景区内，形成九曲溪题刻群、云窝——天游题刻群、桃源洞题刻群、武夷宫——大王峰题刻群、水帘洞题刻群。而朱熹现存的13方题刻，除一方刻于一线天景区楼阁岩外，全部集中在九曲溪沿岸。尤其是六曲响声岩，一块岩石上，刻着朱熹的4方石刻。像朱熹这样的名人，在一方石上留下4方勒石，这在全国大概也是绝无仅有的。

3. 形式多样

朱熹在武夷山现存石刻虽然只有13方，但题景、赞山、纪游、抒怀各种形式都有，形式多样，内容丰富，特别是《武夷棹歌》开歌九曲溪之先河，千年传唱，是武夷山石刻中独具一格的创作。

四、朱熹题刻对其后武夷山题刻的影响

朱熹在中国文化史上享有盛名，朱子题刻又是武夷山年代最早的题刻之一。所以，朱熹题刻对其后武夷山的摩崖题刻产生着直接或间接的影响。有人观看朱熹题刻，有感而发；有人瞻仰朱熹遗迹，勒石纪胜；有人仿效朱熹，寄情山水；有人题壁勒石，彰明理学。粗略统计，武夷山现存摩崖石刻中，有20余方与朱熹有直接的联系，历宋元明清七百余年，可见朱熹题刻、朱子思想影响深远，代代相传。现将其略加归类表述。

1. 有感而作类

因观朱子题刻有感而作，这方面的题刻现存有5方。如南宋嘉定九年（1216）留元纲刻于四曲试剑石的题刻，就是"赓文公之棹歌，访武夷之归事"之后，摩崖纪胜；南宋宝祐二年（1254），朱熹大弟子蔡元定之孙蔡公亮偕友游武夷山，"诵紫阳夫子神斧之章（当指朱熹《武夷棹歌》），慨然有感，援笔赋诗，题名而归。"（跋文与3首同韵唱和诗镌于溪南蓝岩）；元至元二十七年（1290），建宁府通判毋逢辰镌于六曲响声岩的"至元庚寅重三节，蜀人毋逢辰督修武夷书院毕。……来观文公题刻"；明万历十一年（1583），云窝隐士陈省刻于六曲响声岩的题刻，也是偕友及子"览朱晦翁'逝者如斯'字，景贤讲德，徘徊石上，不徒爱其书也，识之"。

2. 瞻仰和保护类

与瞻仰、修建和保护朱子遗迹的题刻有关的摩崖题刻现存5方，大多

为记事题刻。如南宋咸淳四年（1268），武夷书院山长镌于四曲题诗岩的"咸淳戊辰，三司奉朝旨鼎建武夷书院……"；元至元二十七年（1290），徐梦奇"诣武夷，拜谒文公祠下"之后，勒石六曲响声岩；元泰定四年（1327），崇安县尹张端本陪侍京官"拜紫阳先生祠下，载瞻遗像，心仪神交，充然有契"。勒石于四曲题诗岩；清康熙四十八年（1709），巡抚福建等处地方提督军务都察院右佥都御史张某镌于山北水帘洞岩壁的饬禁令，则是保护三贤祠（祀刘子翚、朱熹、刘甫）的告示，强调"示仰该地方官民人等知悉：所有武夷山水帘洞宋儒刘屏山祠宇，仍听该裔孙看守。僧人景真立速驱逐，不许容留居住。如有故违，定即严拿究处，决不轻贷"。

3. 彰明朱子理学的题刻

武夷山摩崖石刻中与朱子理学相关有十余方。如明万历四十七年（1619），安徽理学家方孔昭刻于云窝云路石的"重洗仙颜"，就是主张以朱子理学来肃清（重洗）人们思想中的儒释道混杂现象。他在《武夷》一诗中写道："峰表铿翁二子能，曾孙有术多凭陵。鸡犬白云何缥缈，应是玄黄怪未了。独有考亭数字存，其间重洗五百仙人颜。"这首诗正是"重洗仙颜"的注脚（诗中"铿翁二子"指彭祖的二子彭武、彭夷，"曾孙"

指武夷乡民，"考亭"指朱熹为代表的理学）。清乾隆四十四年（1779），镌于五曲晚对峰麓的"道南理窟"及跋文，则凝聚了提督福建陆师的马负书及马应壁父子两代人对朱子理学的尊崇，赞扬理学（道）南传武夷山后，由于朱熹的集大成，使武夷山成为理学家荟萃、书院林立之地。清光绪八年（1882），由崇安游击升任浙江象山协副将的余宏亮镌刻于水帘洞的"活源"两字，则出于朱熹的《观书有感（其一）》："半亩方一鉴开，天光云影共徘徊。问渠哪得清如许？为有源头活水来。"意即学问来自书本，水帘洞岩巅水注泄往的浴龙池为一方肖形为书本的池塘，水帘洞的源头是岩顶的活水，一语双关，寓意深刻。

在武夷山50多年，身临其境，千百次驻足山水，箫咏唱和。实际上，朱子摩崖石刻还远不止这些，近些年朱子文物普查陆续又有些发现，若加上漏载和外省的题刻，学界粗估，应不下百处。像朱熹这样的一代大家，留下如此众多的摩崖题刻，在武夷山算古今第一人。可以说，在全国也是屈指可数的了。朱熹题刻，蕴含大量信息，是与重要人物，重大历史事件直接关联的重要文物。

（本文作者：赵建平为武夷山朱子文化研究中心研究员；黄胜科为武夷山市委史志研究室编审、武夷山朱子文化研究中心研究员）

朱子与武夷山九曲溪

罗爱文

《朱子大全集·武夷图序》：武夷君之名，著自汉世，祀以乾鱼，不知果何神也。今建宁府崇安县南二十余里，有山名武夷，相传即神所宅。峰峦岩壑，秀拔奇伟，清溪九曲，流出其间，两崖绝壁，人迹所不到处，往往有枯查插石罅间，以皮舟船棺柩之属，柩中遗骸外列陶器，尚皆未坏，颇疑前世道阻未通，川壅未决时，夷落所居。而汉祀者，即其君长，盖亦避世之士，生为众所臣服，没而传以为仙也。今山之群峰，最高且正者，犹以大王为号，半顶有小丘焉。岂即君之居耶。（按《地理通释·十道山川考》）

朱熹是我国南宋时期著名的思想家、教育家，生于1130年，1148年中进士，历仕高宗、孝宗、光宗、宁宗四朝，庆元六年（1200）卒。朱熹早年出入佛、道，31岁正式拜程颐的三传弟子李侗为师，专心儒学，成为程颢、程颐之后儒学的重要人物。他继承"二程"，又独立发挥，形成了自己的体系，后人称为程朱理学。朱熹在从事教育期间，对于经学、史学、文学、佛学、道教以及自然科学，都有所涉及或有著述，著作广博宏富。朱熹是理学的集大成者，中国封建时代儒家的主要代表人物之一，他的学术思想在元明清三代，一直是封建统治阶级的官方哲学，成为巩固封建社会统治秩序的强有力精神支柱。朱熹的理学不仅影响了中国，在世界上也有很大的影响，1999年武夷山申报世界自然与文化遗产时，是朱熹使得申报顺利通过。

朱熹是徽州婺源（今属江西）人，14岁时家里突遭不幸，父亲朱松病逝，去世前将儿子托付给原武夷山籍的挚友刘子翚、刘勉之、胡宪教养。于是，朱熹随母亲移居到武夷山五夫镇，从此定居武夷山近50年。

朱熹在五夫镇的故居叫"紫阳楼"，又名紫阳书堂、紫阳书屋。紫阳楼位于屏山脚下，潭溪之畔，周围古树参天，修竹成林，屋前是半亩方塘，

朱子与武夷山九曲溪

碧水丹山　九曲风光（陈美中　摄）

屋后是青翠竹林。据说，朱熹的那首《观书有感（其一）》就是朱熹在塘边苦读时，触动灵感信手写就的：" 半亩方塘一鉴开，天光云影共徘徊。问渠那得清如许？为有源头活水来。"

朱熹在五夫镇居住时，不管是幼年求学，还是成年后探友寻幽问道，都要经过一条"朱子巷"。朱子巷原长 300 米，现存 138 米，巷子路面全用鹅卵石铺就，巷多曲折，两侧皆是古屋高墙，步入其中，耳边仿佛响起朱熹求学的足音。

五夫镇的兴贤古街有一座"兴贤书院"，为纪念理学先贤胡宪而建。朱熹学有所成后，曾在这里讲学授徒。之所以名为"兴贤"，民间传说有"兴贤有秀"、继往开来之意。现在书院内可以欣赏到仿朱熹笔体而写的"继往开来"等堂匾和各式楹联。

武夷书院是朱熹于 1183 年建造的书院，为我国古代非常著名的一所高等学府。原名武夷精舍，地处风光优美的武夷山五曲隐屏峰下。当时，南方各省学子纷至沓来，迄今有名可查的就有数百名。1183 年至 1190 年的八年中，朱熹在这里主要是授徒讲学和从事学术活动，这里聚集了一大批朱熹学派的中坚力量，是朱熹学派开展学术研究和教育活动的重要基地，朱熹在此完成了《易学启蒙》《孝经刊误》《小学》《诗集传》等一大批论著，他的重要著作《四书章句集注》也是这里完成的。现在我们看到的武夷书院是现代重修的，原址仅剩下三堵土墙，已经很好的保护起来了。书院内有朱熹塑像、楹联、匾额，还有一部分朱熹手迹和著作。书院的大门挂有一副楹联：集大成而绪千百年绝传之学，开愚蒙而立亿万世一定之规。

九曲溪也是朱熹常去的地方，他时常被美丽的山水所陶醉，《武夷棹歌》是朱熹偕友同游九曲时写下的，共有 10 首，第一首为小引，其后每曲一首，写出了文化与自然相融的美感。《武夷棹歌》于 1188 年刻在九曲溪各曲之畔的岩壁上，现在我们乘筏九曲溪时还可以看到。

武夷棹歌

武夷山上有仙灵，山下寒流曲曲清。
欲识个中奇绝处，棹歌闲听两三声。
一曲溪边上钓船，幔亭峰影蘸晴川。
虹桥一断无消息，万壑千岩锁翠烟。

朱子与武夷山九曲溪

　　二曲亭亭玉女峰，插花临水为谁容？
　　道人不做阳台梦，仙入前山翠几重。
　　三曲君看架壑船，不知停棹几何年。
　　桑田海水今如许，泡沫风灯敢自怜。
　　四曲东西两石岩，岩花垂露碧㲯毵。
　　金鸡叫罢无人见，月满空山水满潭。
　　五曲山高云气深，长时烟雨暗平林。
　　林间有客无人识，欸乃声中万古心。
　　六曲苍屏绕碧弯，茅茨终日掩柴关。
　　客来倚棹岩花落，猿鸟不惊春意闲。
　　七曲移舟上碧滩，隐屏仙掌更回看。
　　却怜昨夜峰头雨，添得飞泉几道寒。
　　八曲风烟势欲开，鼓楼岩下水潆洄。
　　莫言此地无佳境，自是游人不上来。
　　九曲将穷眼豁然，桑麻雨露见平川。
　　渔郎更觅桃源路，除是人间别有天。

　　"一曲溪边上钓船，幔亭峰影蘸晴川。虹桥一断无消息，万壑千岩锁翠烟。"一曲的溪北有高峰耸立，那便是入九曲所见的第一峰——大王峰，也叫天柱峰。大王峰的左侧有幔亭峰，在峭壁上刻有"幔亭"二字，而幔亭峰就是神话故事中武夷君宴请乡人的所在，也就是"幔亭招宴"的所在地。

　　"二曲亭亭玉女峰，插花临水为谁容？道人不作阳台梦，兴入前山翠几重。"二曲溪口迎人而立的是峭拔挺秀、明艳照人的玉女峰。玉女峰突兀拔空，峰顶花木参簇，整座山峰像束髻簪花的少女，岩壁缝痕似衣裙皱褶，飘飘欲仙，峰下碧波绮丽的"浴香潭"，传说是玉女洗浴的地方。潭中一块方形巨石，刻"印石"二字。峰左侧有一岩叫妆镜台，刻有二丈多高的"镜台"二字。民间传说玉女隔溪与一曲之畔的大王（大王峰的象征）苦恋，朱熹的二曲之歌即咏此。

　　"三曲君看架壑船，不知停棹几何年。桑田海水今如许，泡沫风灯敢自怜。"这是咏三曲小藏峰的架壑船。小藏峰又名仙船岩，在峻峭的岩壁隙洞间，有船形的木制古遗物，传说那是仙人得道时化去后所遗下的木舟，舟中藏有遗骨，称作"遗蜕"。宋朝陈梦庚《仙船》诗咏道："此船何事驾岩隈，不逐桴槎八月来。莫是飞仙无所用，乘风有路到蓬莱。"而最早对虹桥板、架壑船作出合理推测的，还是朱熹，他认为是"前世道阻未通，川壅未决时，夷落所居"的遗物，经考证这些虹桥板、架壑船确实是古代南方少数民族的一种悬棺葬的遗迹。

"四曲东西两石岩，岩花垂落碧氍毹。金鸡叫罢无人见，月满空山水满潭"。"两石岩"指四曲中的大藏峰和仙钓台。朱熹此处的诗意是：山花的花瓣还带着朝露，一片清绿，有如羽毛的散乱披离。这是以山花带露衬出山中黎明的时分。朱熹的四曲棹歌中的"水满潭"之潭，即大藏峰下的卧龙潭。潭水深不可测，也是四曲的一处胜境。"月满空山水满潭"写出了黎明前鸡鸣星稀，西天的月光下衬出的一片空山静境。在卧龙潭岩壁上刻有"飞翠流霞"四字。

"五曲山高云气深，长时烟雨暗平林。林间有客无人识，欸乃声中万古心。"这是朱熹借写五曲胜景作自我描画、抒怀。五曲是九曲的中心，隐屏峰竣立溪北，峰峦挺拔，当年朱熹就在此建武夷精舍，聚徒讲学。朱熹的五曲之歌中的"山高"指精舍后的隐屏峰。由于山高云深，才烟雨无时暗锁平林渡口。"欸乃"是船夫出力摇船的应答声。"客"指朱熹自己。

"六曲苍屏绕碧湾，茅茨终日掩柴关。客来倚棹岩花落，猿鸟不惊春意闲。"六曲流程最短。溪北有高直耸立的巨峰，峰壁由于流水侵蚀久而深陷，状如指痕，故称仙掌峰，又叫晒布岩，壁上刻有四个大字："壁立万仞"。

"七曲移舟上碧滩，隐屏仙掌更回看。却怜昨夜峰头雨，添得飞泉几道寒。"七曲有獭控滩，就是"移舟上滩"的滩，它的后面正好是隐屏、仙掌两峰，所以说"回看"。"飞泉"指凌空飞洒而下的山泉。七曲的北面为三仰峰，又称三迭峰，海拔700多米，三峰相迭，面背东向，雄姿巍然。在小仰峰的半壁上有碧宵洞，刻有"武夷最高峰"五个大字。

"八曲风烟势欲开，鼓楼岩下水潆洄。莫言此地无佳景，自是游人不上来。"八曲滩高水急，溪畔浮出水面的有"牛角潭"的牛角，"青蛙石"的石蛙。鼓楼岩下，有一石如张牙舞爪的狮子，称为"上水狮"，有块椭圆如龟的岩石，称"下水龟"。溪南和鼓子峰相望的大小两块岩石，称为大廪石和小廪石，对大小廪石南宋名相李纲有诗赞道："仙家何事也储粮？

石禀团团曲水旁。应驾玉龙耕紫石，琼芝千亩个中藏。"

"九曲将穷眼豁然，桑麻雨露见平川。渔郎更觅桃源路，除是人间别有天。"平川是地名，指九曲尽头星村一带。这一带一马平川，桑麻遍野，又有良田美池，屋舍俨然，鸡犬之声相闻，全然是桃源景象，正如朱熹棹歌所咏：舍此而欲更觅桃源路，那除非人间之外别有天地了。

朱熹不仅是一位著名的哲学家、教育家，而且是一位杰出的书法家。他的书法饱满、遒劲，自成一家，不失为书法珍品。同许多文人雅士一样，朱熹也喜欢题壁摩崖，或讴歌山水，或借景抒情，为后世留下一笔不可多得的文化瑰宝。武夷山现存朱熹摩崖题刻有13方，共四方面内容。一是《武夷棹歌》，刻于每曲的岩壁之上。二是哲理题刻。武夷山表达朱熹理学思想的题刻有"逝者如斯""天心明月""忠孝"及已佚的"沧浪歌"等。"逝者如斯"四字镌于六曲响声岩，竖书两行。题刻四字出典于《论语》："子在川上曰：逝者如斯夫。"三是纪游题刻。朱熹偕友游览武夷名胜的纪游题刻现存仅两方，都在六曲响声岩。四是景名题刻。朱熹在武夷山的题景刻石不多，现存的仅"小九曲""茶灶"两处。"小九曲"3字刻于四曲溪北的金谷岩，横书一行。"茶灶"刻于五曲溪中茶灶石上。茶灶为朱熹武夷精舍12景之一，位于武夷精舍西侧溪流中，为一块天然洲石，上有数处砾石脱落岩穴，可燃炭煮茗。朱熹经常偕友到石上煮茗论道，并有《武夷精舍杂咏·茶灶》诗一首："仙翁遗石灶，宛在水中央。饮罢方舟去，茶烟袅细香。"

朱熹在武夷山蛰居50年，嗜茶而戒酒。淳熙十年（1183）建精舍，环居檀茶，歌咏丛中，又在五曲溪中立茶灶，品茗论道。"客来莫嫌茶当酒，山居偏与竹为邻。"是他与茶与山结缘、清贫生活的写照。

其在《武夷山图序》中认为武夷山的种种传说："皆诡妄不经，不足考信"，武夷山不是神仙所居之地，而是前世"夷落所居"；武夷君不是仙，而是夷落之君长；架壑船不是仙人舟，而是远古的悬葬。这些论述，为人们指明迷津、澄清迷雾。朱熹虽提到"存天理、去人欲"，但他不是禁欲主义者，他热爱大自然，美感极强烈，诗作清晰、活泼。朱熹咏武夷山的诗有50多首，其中尤以淳熙十一年所作的《武夷棹歌》最为精彩。这首棹歌不但对九曲溪各曲最有特色的风景作出描绘，而且还揭示出山林之奥秘。之后和朱熹九曲棹歌者不可胜数，故有"棹歌首唱自朱熹"之说。

其中以袁枢的杂咏十首最为引人注目，它以精细入微的笔触描述了朱熹这个武夷山中的夫子半圣半人半儒半仙的隐居生活。其《武夷精舍十咏·茶灶》诗曰："摘茗脱仙岩，汲水潜虬穴。旋然石上灶，轻泛瓯中雪。清风已生腋，芳味犹在舌。何时棹孤舟，来此分余啜。"爱国诗人杨万里也于淳熙十六年（1189）十月由江西筠州入都经武夷山与朱熹相会，复于次年正月寄赠朱熹和作《寄题朱元晦武夷精舍十二咏》，对朱熹八年蜷伏武夷山中讲学办学、著书立说的生活作了最好的总结。其十一《茶灶》唱道："茶灶本笠泽，飞来摘茶园。随在武夷山，溪心化为石。"

袁枢（1131—1205），字机仲，建宁府建安县（今福建建瓯）人，少年聪慧，学习努力，于隆兴元年（1163）参加礼部考试，以一篇《修身为弓赋》获得"词赋第一"而登进士第。开始时任温州判官、兴化军教授等职。乾道七年（1171）入朝为礼部试官，乾道九年即被外放为严州教授。其后历任太府丞兼国史院编修、权工部郎官兼吏部郎官、吏部员外郎、大理少卿，知常德府、江陵府等职。庆元二年（1196）任江陵知府时，受"庆元党禁"即朱熹的道学被定为"伪学"所牵连，被弹劾罢职，回到建州老家。自此安享天伦10年，致力著作，采菊东篱，于开禧元年（1205）去世。

袁枢喜读司马光的《资治通鉴》，按照自己研读《资治通鉴》的体会，希望按照事件发展的脉络来重新编排《资治通鉴》的顺序。通过不懈的努力，袁枢终于完成了这项艰巨的归类工作，并以《通鉴纪事本末》为书名定稿，开创了以事件始末为顺序的"纪事本末体"史书体裁。朱熹的另一位好友杨万里欣然为《通鉴纪事本末》写序，朱熹亦鼎力为《通鉴纪事本末》作跋。南宋孝宗读了袁枢的《通鉴纪事本末》后赞叹不已，命令将书赐给太子及地方高官，要求熟读，并说"治道尽在是矣"。也正是因为此，袁枢得到了宋孝宗的召见。

淳熙四年，在袁枢从家乡建州（今福建建瓯）进临安（今浙江杭州）接受宋孝宗召见的途中，路过武夷山，拜见了朱熹。朱熹邀其与友人一道游览武夷山，并有许多的诗歌唱和，其中《复用前韵敬别机仲》是朱熹为送袁枢进京面见宋孝宗而作的诗。全诗为：

君家道素几叶传，只今用舍悬诸天。
屹然砥柱战河曲，肯似落叶随风旋。

奋髯忽作猬毛磔，浩气勃若霄中烟。
隐忧尚喜遗直在，壮烈未许前人专。
武夷连日听奇语，令我两腋风泠然。
初如茫茫出太极，稍似冉冉随群仙。
安能局促夜起舞，下与祖逖争雄鞭。
终怜贤屈惜往日，亦念圣孔悲徂川。
愿君尽此一杯酒，预浇舌本如悬泉。
沃心泽物吾有望，勒移忍继钟山篇。

诗的大意是：你（指袁枢）纯朴的德行透过《通鉴纪事本末》的书页相传，如今它（指《通鉴纪事本末》）的作用犹如高悬天空的法则。你能如中流砥柱般屹立河中，又可以像落叶一般随风顺势而旋。你发奋时如桓温一般，胡须像刺猬毛那样直刷刷地张开，浩然之气若冲天而起的霄烟。你"穷则"迅速隐逸，并保有古代贤人直道而行的遗风；你"达则"勇敢壮烈，为国立功敢超前雄。在同游武夷的这几日，听了你的高谈阔论，令我思绪清澈，两腋生风，飘飘欲仙。开始时如同从广阔深邃的宇宙中走来，而后冉冉升起像是跟随着仙人飘舞。我（指朱熹自己）要像刘琨跟着祖逖闻鸡起舞一般向你学习，努力进取像祖逖那样为国分忧、为民立命。唉，有时又不免感叹，屈原作《九章》"惜往日"时，政治主张得不到采纳的哀伤，也常有与孔夫子临川而发"逝者如斯夫"般的共鸣。愿你饮下这杯酒，预祝你向皇帝进言时能如悬泉一般清澈不绝。我对你开导君王，福泽百姓寄予厚望。难为你忍着自命清高者们，拿着《北山移文》之类的话头来对你评头论足。透过这篇诗歌，我们亦能感受到一代大儒朱熹，鼓励袁枢与激励自己，"为天地立心，为生民立命，为往圣继绝学，为万世开太平"的拳拳之心。有意思的是，朱熹在诗歌中用了"令我两腋风泠然"的句子，这显然是化用了卢仝《七碗茶歌》中"七碗吃不得也，唯觉两腋习习清风生"之句。所以猜测过去，朱熹与袁枢的这次武夷之游，一定喝了不少武夷山的好茶，

从武夷山的蜕仙岩上摘来茶芽，从九曲溪的卧龙潭里取来煎茶的好水。回到仙人留下的茶灶石上，点燃石灶开始煎茶，美妙的茶汤在杯中泛起洁白如雪的茶沫。两腋犹如卢仝《七碗茶歌》中所描绘的一般有清风徐

徐生起,和你一起品尝武夷茶时的芳香滋味至今还犹在舌间。什么时候可以再撑着小舟,到这仙人留下的茶灶石上,分享一杯你(指朱熹)那上好的武夷岩茶啊。事实上,诗的后两句是有一语双关之意的。"清风已生腋,芳味犹在舌。"回应着朱熹的"愿君尽此一杯酒,预浇舌本如悬泉。沃心泽物吾有望,勒移忍继钟山篇"。意思是我已经按照你的祝福与鼓励再次在朝廷中为国效力,你的谆谆教导犹响在耳边。而"何时棹孤舟,来此分余啜"则是说仕途曲折艰辛,真的希望能再和你一起隐逸山林、采菊东篱,享受那超凡脱俗的惬意。袁枢这首短短的小诗,已将品茶与人生有机地结合在了一起。

朱熹非常爱喝武夷岩茶,常常以茶喻理,来解说深奥的儒家学问。他曾经说:"如这一盏茶,一味是茶,便是真。才有些别底滋味,便是有物夹杂了,便是二。"意思是说:就像这一盏茶,只是纯粹的茶这一味,那才是真茶,如果掺了一些杂质,便是"二"了,不纯粹了。要知道,朱熹所处的南宋时期,时髦在茶中掺进香料等调味品。北苑贡茶"龙团凤饼",就是掺了上等香料的。虽然表面上看,朱熹只是为了说明"诚"与"伪"、"一"与"二"的区别,用纯茶与掺杂的茶来进行比喻。但正是这种不经意,往往才是内心的真实表露。特别欣赏朱熹在那个年代,就敏锐地感受到纯粹的茶才是上品。如今的武夷岩茶,自然是纯粹的好,不小心掺杂、跑气,或是吸收了异味,那可是几乎无法入口的。自然,朱熹绝不仅仅只是用茶来比喻学问,还常常专门创作茶诗,来寄托自己对茶的执着。比如在淳熙十年(1183),武夷精舍落成,朱熹在景色秀丽的五曲溪边,授徒讲学、著书品茶,写下了脍炙人口的茶诗《春谷》:

武夷高处是蓬莱,采得灵芽手自栽。
地僻芳菲镇长在,谷寒蜂蝶未全来。
红裳似欲留人醉,锦幛何妨为客开。
咀罢醒心何处所,远山重叠翠成堆。

"春谷",即春天武夷山美丽的山谷。这是一首写景抒情的茶诗。要读明白此诗,必须对朱熹描写的这个山谷,即武夷精舍所在之处,以及附近的风光有所了解。武夷精舍坐落于隐屏峰下,沿九曲溪水稍向上,就是云窝、接笋峰、仙弈台、茶洞、天游峰、晒布岩等所在之处。此处是九曲溪的中点,为武夷山景区的核心位置。清代董天工在《武夷山志》中形容:"溪过其前,萦绕如带,冲融淡泞,流若织文。"此九曲正中峰峦方正,美如锦幛秀屏,是隐屏峰得名的原因。而晒布岩,则有如从天垂下的大块布匹,传说是彩霞仙女织就的美丽红裳。这就是朱熹茶诗《春谷》中"红裳似欲留人醉,锦幛何妨为客开"之句的典故。

今天看武夷精舍的所在地,并不偏僻,但在当时,在这万山环抱的景区中心,根本就没有四通八达的道路,因此朱熹用"地僻""谷寒"来形容此处的幽深。传说朱熹在武夷精舍附近辟有数处茶园,至今在隐屏峰顶、天游峰顶、晒布岩下、茶洞等处均有茶园。故此朱熹有"武夷高处是蓬莱,采得灵芽手自栽"之说。春天从武夷精舍向四周放眼望去,山峦重叠,翠绿成堆,所以诗中有"远山重叠翠成堆"的美丽句子。

全诗连起来的大意为:武夷山的高处,美丽得犹如蓬莱仙境一般。我在那里栽种了茶树,在这初春的时节,将那富有灵性般的嫩绿的茶芽采下。此地幽深偏僻,少有外物干扰,芳菲艳丽的景色,得以常驻不散。春寒料峭,美丽的山谷里,蜂蝶尚未大批地涌来。那犹如彩霞仙女织就的红裳的晒布岩,美得让人流连忘返,如痴如醉。隐屏峰,就像是这秀丽山谷的锦幛一般,正在为到来的客人,徐徐打开。于如此明媚的初春,在如此醉人的山谷,品如此美妙的好茶,那晴朗的心情腾空而起,不知要飞向何方,只见远山层叠,翠绿成堆,延绵至遥远的天边。

朱熹就是这样,常常陶醉在武夷秀色之中,将茶作为抖擞精神、荡昏涤寐、脱俗醒心的长物,终生品啜不辍。将种茶、采茶、制茶、品茶,当作自己著述、讲学的一种调节,充分显示出了伟人的平易近人之处,以及对生活的热爱。

大凡是优秀的教育家,肯定都善于深入浅出的比喻。朱熹就常常拿茶来比喻深奥的理学,如在《朱子语类》卷一百三十八中记载:

先生因吃茶罢,曰:"物之甘者,吃过必酸;苦者,吃过却甘。茶本苦物,吃过却甘。"问:"此理如何?"曰:"也是一个道理。如始于忧勤,终于逸乐,理而后和。盖礼本天下之至严,行之各得其分,则至和。又如'家人嗃嗃,悔,厉,吉;妇子嘻嘻,终吝',都是此理。"夔孙。以上是朱熹与其高徒林夔孙的一段对话。其中的"家人嗃嗃，悔，厉，吉；妇子嘻嘻，终吝"，出自《易经》家人卦的九三爻，意思是：贫困之家嗷嗷待哺，而能辛勤劳作，未失正派家风，有悔有险，但终归吉利。富贵之家骄奢淫逸，一味嬉笑作乐，则有失勤俭之道，结果终要倒霉。

而文中的"理而后和"则出自周敦颐的《通书·礼乐第十三》，原文为：礼，理也；乐，和也，阴阳理而后和。君君臣臣，父父子子，兄兄弟弟，夫夫妇妇，各得其理然后和，故礼先而乐后。意思是：人际交往中的"礼"也就是"理"，人际交往中的"乐"也就是"和"，只有乐声和谐方能悦耳。人类社会的发展变化都是由随时随地的人际交往构成，因此，都遵循先"理"而后"和"的规律。比如父子、兄弟、夫妇等人际关系，均要遵循人际关系的规范，也就是讲"理"，然后才能获得人际关系的"和"。所以说，守住人际交往的"礼"，也就是守住"本分"，而后才能得到自己在人际交往中的"和"。

武夷岩茶的显著特征就是先苦而后甘，因为朱熹刚喝了茶，就顺势说："物之甘者，吃过必酸；苦者，吃过却甘。茶本苦物，吃过却甘。"意思是，大凡是甜的东西，多数吃过以后会有酸的感觉。而苦的东西，吃后却能产生出甘甜的滋味。比如喝茶，入口明显是苦的，可过后却回味甘甜。林夔孙顺势问道："此理如何？"这与我们学习理学有什么联系吗？朱熹回答道："也是一个道理。如始于忧勤，终于逸乐，理而后和。盖礼本天下之至严，行之各得其分，则至和。又如'家人嗃嗃，悔，厉，吉；妇子嘻嘻，终吝'，都是此理。"意思是，这也是一个道理啊，人生开始于忧患勤奋，则最终能够收获安逸与幸福，就如"理而后和"的道理一样。因此说天下有约束人们行为的严格的"礼"法，大家全都遵守了，那就达到全社会的和谐了。又比如《易经》中家人卦的九三爻说法，都是同样的道理。

简而言之，朱熹就是用武夷岩茶先苦后甘的特征，深入浅出地向弟子林夔孙讲解，人生"始于忧勤，终于逸乐，理而后和"之素位而行、先苦后甜的道理。

山以人名，人以山显。朱熹与武夷山九曲溪相得益彰。

（本文作者为武夷山朱子文化研究中心研究员）

朱子与水帘洞

黄胜科

南宋绍兴十三年（1143）三月二十四日，朱熹的父亲朱松病重不治，在建安的环溪精舍溘然长逝。弥留之际，他写了一封信给崇安五夫里奉祠在家的好友刘子羽，郑重地将家事托付给他。又致书崇安三位道学密友籍溪胡宪（字原仲）、白水刘勉之（字致中）和屏山刘子翚（字彦冲），把14岁的朱熹托付他们教育。

刘子羽（1096—1146），字彦修，宋抗金名将，曾屡败金兵，官至徽猷阁待制，因遭投降派忌恨被罢官，遂奉祠归隐五夫，"辟家塾，延名士，以教乡之秀弟子"[①]。刘子羽不负好友重托，一边为朱松选择墓地，料理后事，一边在五夫刘氏庄园前修葺一座五间的旧楼供朱熹母子居住。绍兴十四年下半年，刘子羽将朱熹母子从建瓯接到五夫，安置他们住进旧楼，并为他们提供一应生活用品。从此，朱熹住在紫阳楼中，开始受学于刘子翚、刘勉之和胡宪三先生。

三先生中，对幼年朱熹教诲最力、影响最深的老师当属刘子翚。朱熹从14至18岁刘子翚去世前的四年多时间，大部分时间追随刘子翚，朝夕受教。除了刘子羽、刘子翚的家塾外，刘子翚还经常携朱熹等到武夷山水帘洞造访老友刘甫，共商理学精义，"赤壁千寻晴拂雨，明珠万颗昼垂帘"的水帘洞成为刘子翚为朱熹和诸生讲学的天然学堂。

水帘洞位于武夷山风景名胜区山北章堂涧北岸、瑞泉岩东壁。这是一个由岩体崩塌而形成的巨大凹洞，洞顶危岩斜覆，洞穴深藏于收敛的岩腰之内，洞长约100余米、深约12米、高70余米。两股飞泉自斜覆的岩顶

[①] 张栻：《刘子羽墓志铭》，载《名臣碑传琬琰集》卷二十二。

水帘洞（衷柏夷　摄）

朱子与水帘洞

飞泻而下，宛若两条游龙喷射龙涎，飘洒山间，又像两道珠帘，从长空垂向人间，故又称珠帘洞。南宋学者刘甫在洞内建有岳卿书室。

刘甫，字岳卿，南宋学者，崇安（今福建武夷山）人。其父刘衡字兼道，为抗金名将，"建炎初，以勤王补官，从韩蕲王世忠败金人于濠，累功迁秩。晚年弃官归，潜心学易，筑小隐堂于五曲茶洞，诗酒自娱。与胡致堂游，其中时吹铁笛，或慷慨舞剑，意气浩然如也"[1]。刘甫少聪敏，随父于五曲茶洞小隐堂受学。父逝世时曾有遗愿："不入仕途"。他遵父愿，终身不仕。隐居水帘洞，筑室读书著述终老。清董天工《武夷山志》卷之十七载：刘甫"事亲至孝，隐武夷水帘洞。刘忠肃公珙将奏以官，辞焉。朱文公、蔡西山尝过其庐，讲求义理，不及利禄。尝约文公构游仙馆，为佚老计。未几，卒。文公哭以诗曰：'曾说幽栖地，君家近接连。要携邀月酒，同棹钓溪船。遽尔悲闻笛，真成叹绝弦。林猿催老泪，为尔一潸然。'"这份情谊让人动容。

刘子翚曾多次携朱熹等高徒到水帘洞拜访刘甫，并在岳卿书室讲学。刘子翚曾在水帘洞借浴龙池中鱼跃水面的意境，为朱熹等讲解《中庸》第十二章"《诗》云：'鸢飞戾天，鱼跃于渊。'言其上下察也。君子之道，造端乎夫妇；及其至也，察乎天地"。朱熹对老师的精辟阐释心领神会，他当即用手指蘸着茶水在桌上写了"鸢飞鱼跃"四个大字，把老师的教诲牢记在心，此后反复濡笔大书这四字，用以抒发圣贤之学无涯、求学之乐无穷的旨趣。同时，精湛的书法与意旨深远的圣言汇聚一道，珠联璧合，启迪后人。而刘子翚关于《中庸》章句的阐释，也启迪朱熹后来撰写《四书章句集注》的文思。后来，朱熹还亲笔题写著名楹联："鸢飞月窟地，鱼跃海中天"，表达一种一切追随大自然、空灵清澈的意境。

水帘洞距五夫里约百里，步行需两天，所以刘子翚在途中的下梅里附近购屋一间，以供途中歇息，名为歇马庄，买田200余亩，把田租充当讲学和其他费用。实际上，刘子翚把这些田产看成他与朱家的共同财产。绍兴十七年（1147）刘子翚病故时，朱熹才18岁，还未成名，刘子翚侄子刘

---

[1] ［清］董天工：《武夷山志》卷之十七。

珙就把这些田产全部交给朱熹,作为他赡养慈母之用。朱熹感恩不尽,他成名立身之后,将这些田产归还给刘家,但刘珙、刘玶兄弟都不接受,后来只好把田产转赠给南峰寺(亦称南丰寺)。该寺现位于武夷街道吴齐村黄竹源,原建于五代后晋天福四年(939),庙址至今尚在。这一段师生友谊佳话也一直在武夷山人民中流传。《乾道中田券跋》也记叙了这段佳话:

> 初,屏山与朱子讲学武夷,去家颇远,时于中途建歇马庄,买田二百余亩,以供诸费,实与朱子共之。屏山既殁,忠肃公珙,尽以畀朱子,资其养母。后朱子同安秩满归,以田还屏山子玶,玶不受,谋于忠肃,转畀南峰寺,至今犹存。①

刘子翚逝世后,朱熹怀着悲痛的心情,经常到水帘洞探望老师的好友刘甫,与这位不求功利的世外之人共同怀念恩师。朱熹还经常偕同学友邀约刘甫一道出游,在畅游中求教于这位恩师的挚友。淳熙五年(1178)八月,朱熹与妹夫刘子祥(字彦集)、弟子廖德明(子晦)、刘尧夫(字纯叟)邀刘甫共同游九曲溪,还在六曲响声岩上题刻记游:"淳熙戊戌八月乙未,刘彦集、岳卿、纯叟、廖子晦、朱仲晦来。"②这幅题刻至今保存完好,成为武夷山现在较早的摩崖石刻。淳熙八年,朱熹和刘子祥、蔡元定等应刘甫的邀请,重到水帘洞论学游览,在水帘洞岩壁上题刻纪游:"刘岳卿、几叔、招胡希圣、朱仲晦、梁文叔、吴茂实、蔡季通、冯作肃、陈君谟、饶廷老、任伯起来游,淳熙辛丑七月二十三日,仲晦书"③,成为他们论学同游的记录,惜原题刻已风化无存。

刘甫辞世后,岳卿书室空虚,朱熹把它改建为刘贤祠,设刘子翚、刘甫灵牌,亲题"百世如见"四个大字,刻匾悬挂大堂。朱熹逝世后,邑人增其神位配祀,改名三贤祠。三贤祠创建以来,刘氏宗族春秋祭祀,朱熹

---

① 李默:《朱熹年谱》隆兴元年下。
② 武夷山市地方志编纂委员会编:《武夷山摩崖石刻》,大众文艺出版社2007年版,第18页。
③ 民国《崇安县新志》卷三。

朱子与水帘洞

门人及生前好友亦常趋此凭吊。元初，元世祖为笼络汉人心，首尊理学，此祠亦曾被重视。明代，三贤祠一度为僧道所占据。明景泰年间（1450—1456），贡生刘照重修并复为祠。清康熙年间，祠堂被泉州僧人景真倚仗势力占领，擅开茶行。康熙四十八年（1709），福建巡抚下令饬禁，恢复奉祀刘子翚等，并在水帘洞岩壁上镌刻禁令。后虽几经圮毁，多次重修，旧貌未改。清光绪八年（1882），曾任崇安游击的升用总兵、浙江象山协副将余宏亮故地重游，他来到水帘洞，见两股山泉自半天飞泻而下，山下浴龙池白浪翻腾，不仅想起朱熹的著名哲理诗《观书有感（其一）》："半亩方塘一鉴开，天光云影共徘徊。问渠那得清如许？为有源头活水来。"此时此景正是朱熹诗中的意境，心想朱熹当年或许正是受到此景的启发，浴龙池冷似学问载体的书本，而两股飞泉正是学问源头的活水，于是提笔书写"活源"两个大字，摩刻在离地十余米高的岩壁上，即点出了水帘洞的景致，又勾起人们对朱熹求学精神的追思，恰到好处。这幅题刻至今还保存完好，成为水帘洞最大的一幅摩崖石刻。

民国时期，三贤祠再遭劫难，改建三教堂，祀孔子、老子、释迦。约在民国三十二年（1943），又恢复旧名三贤祠。1999 年，武夷山风景名胜区管委会再次对三贤祠进行修整。现存三贤祠为木结构建筑，建筑宽 5.6 米、深 4.1 米，占地长 27 米、宽约 12 米。单层，左、中、右三间。中间供奉三尊塑像，中为刘子翚，左为刘甫，右为朱熹。匾曰"百世如见"，联曰"理穷诸史道溯洙泗，学冠全经教渊二程"，均为集朱熹墨宝而成。整个建筑倚靠外突的崖顶作为屋顶，风雨不侵，蔚为奇观。祠左岩壁上清康熙四十八年官府保护三贤祠的饬禁题刻，仍保存完好，历历在目：

> 巡抚福建等处地方提督军务都察院右佥都御史张　为饬禁事
> 据崇安县生监刘秉钦、刘秉镇呈称："窃钦祖宋儒刘屏山诸贤居武夷山水帘洞讲学。卒，即洞建祠。从游门人朱文公亲题匾额'百世如见'四字，现悬祠中，春秋祀典，后裔执事历今六百馀年无异，上宪叠行修整，山志、木主、匾额炳据确证。突有泉州妖僧景真夤缘势力，占开茶行。去年九月，县发差票，逼守祠奉祭居民迁移别处，听

僧住持，通邑骇异，钦等投诉无门。窃屏山诸贤乃朱子之师，水帘一洞乃讲学遗迹，一旦毁區灭主，改刹斩祀，圣学人心，关系非小等情。到都院据此合亟出示禁饬。"

为此，示仰该地方官民人等知悉：所有武夷山水帘洞宋儒刘屏山祠宇，仍听该裔孙看守。僧人景真立速驱逐，不许容留居住。如有故违，定即严拿究处，决不轻贷。

特示

（本文作者为武夷山市委史志研究室编审、武夷山朱子文化研究中心研究员）

朱子与武夷洞天神府

陈国代

朱子作《武夷图序》说："武夷君之名，著自汉世，祀以乾鱼，不知果何神也。今建宁府崇安县南二十余里，有山名武夷，相传即神所宅。峰峦岩壑，秀拔奇伟，清溪九曲，流出其间。两崖绝壁，人迹所不到处，往往有枯查插石罅间，以庋舟船棺柩之属。柩中遗骸，外列陶器，尚皆未坏。颇疑前世道阻未通，川壅未决时夷落所居，而汉祀者即其君长，盖亦避世之士，生为众所臣服，没而传以为仙也。今山之群峰最高且正者，犹以'大王'为号，半顶有小丘焉，岂即君之居耶？然旧记相传，诡妄不经，不足考信；故有版图，迫迮溔漫，亦难辨识。今冲佑羽人高君文举始复更定此本，于其向背隐显之间，为能有以尽发其秘，且属隐屏精舍仁智堂主为题其首，以祛旧传之惑云。"[①] 这段为武夷山冲佑观道士高文举所作序文，包含了作者对武夷山水景观和历史人文的理解与态度。

一、武夷之景与武夷之述

武夷山具有"峰峦岩壑秀拔奇伟，溪涧泉水清澈澄碧"的自然景观。朱子笔下的"大王""玉女"和"九曲"，便是武夷"溪曲三三水，山环六六峰"自然景观中的典型代表，而"武夷君"则是武夷人文的典型象征。

进入武夷山风景区，首先看到的便是雄踞武夷山九曲溪一曲溪北的大王峰。大王峰又名纱帽岩，因其上丰下敛，整体外形状如王冠，独具王者

---

① 朱熹：《朱子全书·晦庵先生朱文公文集》卷76《武夷图序》，上海古籍出版社、安徽教育出版社2002年版，第3680页。

福地洞天（肖文凤　摄）

威仪而得名，位占据三十六峰之首。朱子称大王峰为"魏王上升峰"①，与魏王子骞等武夷十三仙升天的古代传说有关。其峰三面如削，巍峨雄拔，傲视苍穹，有如擎天柱，故又称天柱峰。在大王峰东北侧相连者为幔亭峰，高度逊于大王峰，丹崖壁立，峰顶地势平坦，即相传秦时仙人皇太姥和武夷君宴请曾孙处。"燕罢虹桥绝世氛，曾孙谁见武夷君？更无帝幕空中举，时有笙竽静处闻。猿鸟夜啼千嶂月，松篁寒锁一溪云。洞天杳杳知何处？翠石苍崖日欲曛。"②辛弃疾《游武夷作棹歌呈晦翁十首（其二）》诗云："山上风吹笙鹤声，山前人望翠云屏。蓬莱枉觅瑶池路，不道人间有幔亭。"在一曲溪南约一里外有座狮子峰，与大王峰隔溪相望，俨然似百兽之王，雄镇着冲佑观。

1. 武夷之君

武夷山历史悠久，4000多年前已有先民聚居。住在武夷山中统御夷族的人，被尊为"武夷君"。《史记》和《汉书》③皆云武夷君是武夷之神，夷人用干鱼祭祀④，在汉代进入国家祀典。淳熙二年（1175）七夕，朱子与士友站在建阳与崇安两县交界处的云谷之巅，"西望多奇峰，北瞰独仙府。欲致武夷君，石坛罗桂醑"⑤。武夷君即武夷山一带最早的地方领袖人物，"太极气化其始也，挺生一二至人，以为一方生民祖，形化而后，生类益众，则其间有材德绝异者，众皆臣服之，以长其地，故谓之君。"⑥朱子认为武夷君是"避世之士，生为众所臣服，没而传以为仙"，非一般传说之神仙。武夷山峰峦叠嶂，其中"群峰最高且正者，犹以'大王'为号，半顶有小丘焉，岂即君之居"，朱子以为武夷君可能住在大王峰半山

---

① 朱熹：《朱子全书·晦庵先生朱文公文集》卷9《行视武夷精舍作》，上海古籍出版社、安徽教育出版社2002年版，第520页。
② 李纲：《李纲全集》卷6《天柱峰》《幔亭峰》，岳麓书社2004年版，第46页。
③ 《史记》卷28《封禅书第六》："武夷君用乾鱼"。《索隐》顾氏案：《地理志》云建安有武夷山，溪有仙人葬处，即《汉书》所谓武夷君。是时既用越巫勇之，疑即此神。今案：其祀用乾鱼，不飨牲牢，或如顾说也。《汉书》卷25下《郊祀志第五下》云"武夷君用干鱼"祭祀。
④ 司马迁：《史记》卷七《考证》，裴骃集解、司马贞补，武英殿本，第325页。
⑤ 朱熹：《朱子全书·晦庵先生朱文公文集》卷6《云谷二十六咏·怀仙》，上海古籍出版社、安徽教育出版社2002年版，第440页。
⑥ 熊禾：《熊勿轩先生集》卷2《升真观记》，明隆武刻本，第110页。

腰。据《武夷山记》云:"武夷君于八月十五日大会村人,于武夷山(大王峰)上置幔亭,化虹桥通山下。"有文献载"武夷君幔亭之宴,亦在嬴政之二年"。秦统一华夏版图,设置闽中郡,管辖闽越大片疆土①,而管辖东南夷族的夷落君长于秦始皇嬴政二十七年(前220)中秋在武夷山大王峰上宴请故乡村民,然后应诏前往秦都朝拜天子,其下文则不详。福建延平区一些农村于中秋节祭祖,当是闽越祭祀文化之孑遗。

2. 洞天神府

朱子所称"独仙府",即杜光庭《洞天记》所言道教"第十六升真元化洞天",洞天神府在武夷山九曲溪的第一曲。"武夷山,闽之镇也,天下第十六名山,是曰升真玄化洞天。"② 历代帝王尊敬武夷之神,举行祭祀活动,"至汉武帝,列在望秩。史称祀以干鱼,始筑坛壝。厥后历代封表,赠立祠观。唐天宝七年石刻,后唐保大二年碑铭具存,宋绍圣二年观锡额冲佑,武夷君始有封号。端平元年,十三仙亦列封焉。凡祈雨旸,则遣使缒金龙玉简于洞,靡不响答。"③ 如汉元封元年(前110),汉武帝刘彻派遣使者到武夷山,祭祀武夷君,在幔亭峰半腰天然岩洞留下汉祀坛④。唐天宝七年(748)七月,唐玄宗李隆基派遣登仕郎颜行之到武夷山封名山大川,于一曲洲渚创建天宝殿,并立碑示"全山禁樵采"的保护管理法规。五代十国时期的闽国王审知三年(909)扩建天宝殿,改名武夷观。南唐保大八年(950)元宗李璟派遣其弟李良佐到武夷山修道,敕令重修武夷观殿宇,改名会仙观。据徐表然《武夷志略》载,元宗下诏诰曰:"其山方圆百二十里与本观护荫,并禁樵采、张捕,违者所司按法施行。"会仙观成为官设管理机构,承接朝廷颁发有关武夷山的诏旨、赏赐、祭祀武夷君任务,延续到北宋。宋真宗、仁宗、英宗和神宗四朝,朝廷遣使到武夷山祭祀武夷君达二十多次,使臣到大王峰巅投龙洞投送金龙玉简,以祈国运昌盛和皇族兴旺,且于绍圣二年(1095)会仙观改为冲佑观。南宋后

---

① 中国历史地图集编辑组:《中国历史地图集·淮汉以南诸郡》,中国地图出版社1975年版,第7—8页。
② 熊禾:《熊勿轩先生集》卷2《升真观记》,明隆武刻本,第110页。
③ 熊禾:《熊勿轩先生集》卷2《升真观记》,明隆武刻本,第110页。
④ 萧天喜:《武夷山遗产名录》卷2《汉祀坛》,科学出版社2011年版,第198页。

期,"修廊数百间,层楼数十所"①,可见其规模宏阔。唐宋时期,天宝殿、武夷观、会仙观、冲佑观,几经改名,但主要功能还是奉祀武夷君。

3. 武夷诗画

九曲溪发源于森林茂密的武夷山自然保护区、黄岗山南麓,从星村(朱子作新村)而下,流经武夷山风景区中部,形成九曲十八弯,塑造了碧水丹山绮丽景色。李纲于宣和年间入闽游武夷,有诗云:"武夷古洞天,奇峰三十六。一溪贯群山,清浅萦九曲。溪边列岩岫,倒影浸寒绿。……峨峨天柱峰,幔亭连翠麓。传闻武夷君,尝此会仙族。"②朱子一生写下许多与武夷山有关的诗文,如淳熙五年(1178)八月,朱熹由武夷山一曲走到五曲,写了有关景点与景物的七首诗③,笔者调序如下:

天柱峰:屹然天一柱,雄镇斡维东。只说乾坤大,谁知立极功。(此为一曲溪北大王峰)

洞天:绝壁上千寻,隐约岩栖处。笙鹤去不还,人间自今古。(全称为洞天穴)

大小藏岩:藏室岌相望,尘编何莽卤。欲问伯阳翁,风烟迷所处。(小者在三曲溪南,大者在四曲溪南,皆有架壑船棺)

趋真亭:危亭久已倾,只有颓基在。何事往来人,不知容鬓改。(在四曲溪南大藏峰顶)

画鹤:谁写青田质,高超雁鹜群。长疑风月夜,清唳九霄闻。(即四曲溪南大藏峰后的鸣鹤峰)

仰高堂:面势来空翠,哦诗独好仁。怀人今已矣,谁遗栋梁新。④(刘珙在五曲溪西晚对峰麓构建)

丹灶:仙人推卦节,炼火守金丹。一上烟宵路,千年亦不还。(即五曲溪西仙迹岩北侧的丹炉岩,隔溪与云窝的铁象岩对峙)

淳熙十一年清明节前,朱子逆流而上畅游九曲,饱览两岸风光,作武

---

① 白玉蟾:《武夷集》,明正统道藏本,第3页。
② 李纲:《李纲全集》卷6《题栖真馆三十二韵》,岳麓书社2004年版,第53页。
③ 朱熹:《朱子全书·晦庵先生朱文公文集》卷6《武夷七咏》,上海古籍出版社、安徽教育出版社2002年版,第455页。
④ 朱子当时已获知刘珙噩耗,故注云:仰高堂与迎绿亭,都是知建康的刘珙所命名。《礼记》引"高山仰止,景行行止"之诗,而曰:"诗之好仁如此。"

夷棹歌十首组诗①，其中"一曲溪边上钓船，幔亭峰影蘸晴川。虹桥一断无消息，万壑千岩锁翠烟。"状景、凭吊与追思，融为一体，诗中有画。

4. 摩崖题刻

淳熙二年（1175）五月，朱子偕吕祖谦等人在建阳寒泉精舍完成《近思录》后，于五月十六日在黄亭留宿，于二十一日到武夷山，在六曲溪南响声岩留题"何叔京、朱仲晦、连嵩卿、蔡季通、徐宋臣、吕伯恭、潘叔昌、范伯崇、张元善。淳熙乙未五月廿一日，晦翁"②。这方石刻，是按年龄由大到小排列，何镐（1128）、朱熹（1130）、连崧、蔡元定（1135）、徐宋臣、吕祖谦（1137）、潘景愈、范念德、詹体仁（1143）。此后诸人赴江西铅山鹅湖寺，于当月二十八日到达，与江西陆九龄、陆九渊、朱桴、朱泰卿、邹斌、傅一飞、赵景明、赵景昭、詹仪之、刘清之、刘迁等人会合于鹅湖寺，开展学术论辩，留止旬日而归。淳熙五年八月四日，朱熹与诸友游武夷，有题刻"淳熙戊戌八月乙未，刘彦集、岳卿、纯叟、廖子晦、朱仲晦来。晦翁"③。其后的淳熙八年，朱熹卸任南康知军，与诸人应刘甫、刘幾叔之招游武夷山水帘洞，于七月二十三日留下"刘岳卿、幾叔招胡希圣、朱仲晦、梁文叔、吴茂实、蔡季通、冯作肃、陈君谟、饶廷老、任伯起来游。淳熙辛丑七月二十三日，仲晦书"④。三方题刻，都是朱子与友人游赏活动的真实记录，可见其热爱武夷山水。

二、武夷之游与武夷之宿

1. 武夷之游

绍兴十三年（1143），朱熹十四岁，始由建安城南环溪精舍迁居崇安县五夫紫阳楼，从学于武夷三先生，其后常到一舍之遥的武夷山中游赏。如绍兴二十二年正月初九，恰逢是玉皇圣帝诞辰日，道徒要举行宗教活动，二十三岁的朱熹出于好奇心，来到冲佑观参加道教活动。"沈沈苍山

---

① 朱熹：《朱子全书·晦庵先生朱文公文集》卷9《淳熙甲辰中春精舍闲居戏作武夷棹歌十首呈诸同游相与一笑》，上海古籍出版社、安徽教育出版社2002年版，第525页。
② 《闽中金石志》卷9《题响石岩》。
③ 《闽中金石志》卷9《题响石岩》。
④ 《闽中金石志》卷9《题水帘洞》。

郭，暮景含余清。春霭起林际，满空寒雨生。投装即虚馆，簷响通夕鸣。遥想山斋夜，萧萧木叶声。"① 朱熹留宿观妙堂，有诗二首："阴霭除已尽，山深夜还冷。独卧一斋空，不眠思耿耿。闲来生道心，妄遣慕真境。稽首仰高灵，尘缘誓当屏。//清晨叩高殿，缓步绕虚廊。斋心启真秘，焚香散十方。出门恋仙境，仰首云峰苍。踌躇野水际，顿将尘虑忘。"② 虚馆即冲佑观中的观妙堂。次年夏间，朱熹将赴任泉州同安县主簿，与去年的感受便迥然不同："弄舟缘碧涧，栖集灵峰阿。夏木纷已成，流泉注惊波。云阙启苍茫，高城郁嵯峨。睠言羽衣子，俛仰日婆娑。不学飞仙术，累累丘冢多。"③

绍兴三十一年（1161）八月中秋，朱熹与士友聚游武夷山，上幔亭，有诗唱酬，感忧时事。云："一生江海迥无俦，材大应容小未周。景好身闲真复乐，酒酣耳热却堪忧。飞腾莫羡摩天鹄，纯熟须参露地牛。我亦醒狂多忤物，颇能还赠一言不？"④ 此次游山，"张、王二丈、元履、子厚及熹与焉，江阁之集，子衡移具，知府丈亦赐临屈，此诗并简同会诸公云。"新任知府陈正同、前任知府王傅易任，朱熹与魏掞之、黄铢前来迎送，同游武夷，把盏论事。"两公清庙瑟，窈窕拂朱丝。事纪一朝胜，名从千古垂。流传当共赋，惆怅不同时。且要君颐解，宁辞匡说诗。//忆昨中秋夕，寒盟约重寻。幔亭欢举酒，江阁快论心。月堕俱忘起，曇空始罢斟。只今千岭隔，怅望一何深！//志士怀韬略，奇兵吼镆干。关河那得往？肝胆不胜寒。壮节悲如许，雄图渺未阑。皇舆方仄席，陋巷敢求安？"⑤ 朱熹在诗末自注："得浙中知旧书云，圣上留意武备，诸郡练卒皆点名阅武，赐赉有加，戎士感奋。"即孝宗皇帝要求军民奋起抗击金主完颜亮大举南侵。

---

① 朱熹：《朱子全书·晦庵先生朱文公文集》卷1《客舍听雨》，上海古籍出版社、安徽教育出版社2002年版，第230页。

② 朱熹：《朱子全书·晦庵先生朱文公文集》卷1《宿武夷观妙堂二首》，上海古籍出版社、安徽教育出版社2002年版，第230页。

③ 朱熹：《朱子全书·晦庵先生朱文公文集》卷1《过武夷作》，上海古籍出版社、安徽教育出版社2002年版，第242页。

④ 朱熹：《朱子全书·晦庵先生朱文公文集》卷2《借韵呈府判张丈既以奉箴且求教药》，上海古籍出版社、安徽教育出版社2002年版，第304页。

⑤ 朱熹：《朱子全书·晦庵先生朱文公文集》卷2《次知府府判二丈韵三首》，上海古籍出版社、安徽教育出版社2002年版，第305页。

2. 常到武夷

朱熹有"偶至武夷"的经历，也有特地去武夷，如淳熙二年（1175）十二月，朱熹告诉吕祖谦："近复一到武夷，留近旬月，穷探遍历，乃知昔之未始游也。"① 淳熙五年八月，朱熹告诉吕祖谦："熹比与纯叟及廖子晦同登云谷，遂来武夷。数日讲论甚适，今将归矣。"② 淳熙十年四月十六日，武夷精舍未全部完工，朱熹邀请蔡元定、吴楫等人看视精舍进展情况，只能到冲佑观进餐，有诗云："蓬莱清浅今几年？武夷突兀还苍然。但忻丹籍有期运，不悟翠壁无夤缘。鼎中龙虎应浪语，纸上爻象非真传。明朝猿叫三峡路，一叶径上沧浪船。"③

3. 归憩武夷

在武夷精舍全部完工之前，朱熹外出归来过武夷，绝大部分要借宿冲佑观。庆元元年（1195）正月二十八日，朱熹到武夷山冲佑观，作："观妙东楹李公侍郎遗墨，语意清婉，字画端劲，每至其下，辄讽玩不能去。然岁久剥裂，又适当施供张处，后十数年当不复可读矣。别为摹刻授道士，使陷置壁间，庶几来者得以想见前辈风度。李公讳弥逊，时以力诋和议，出守临漳云。庆元乙卯正月甲寅朱熹书。"④ 李弥逊与朱子父亲朱松都是反对秦桧与金和议的主战派人物，于绍兴九年（1139）以直学士、朝请大夫出知漳州，路过武夷山冲佑观，留题观妙堂东楹。朱子睹之，便勾起孩童时期在临安城的记忆以及对当下庆元党禁风潮的反思。

三、仁智堂主与宫观主管

1. 武夷之会

淳熙四年九月十五日，朱熹与士友大宗正簿袁枢（字机仲）、著作郎

---

① 朱熹：《朱子全书·晦庵先生朱文公文集》卷33《答吕伯恭书42》，上海古籍出版社、安徽教育出版社2002年版，第1462页。

② 朱熹：《朱子全书·晦庵先生朱文公文集》卷34《答吕伯恭8》，上海古籍出版社、安徽教育出版社2002年版，第1476页。

③ 朱熹：《朱子全书·晦庵先生朱文公文集》卷9《奉同公济诸兄自精舍来集冲佑之岁寒轩因邀诸羽客同饮公济有诗赠守元章师因次其韵》，上海古籍出版社、安徽教育出版社2002年版，第525页。

④ 朱熹：《朱子全书·晦庵先生朱文公文集》卷83《跋李侍郎武夷诗》，上海古籍出版社、安徽教育出版社2002年版，第3928页。

傅伯寿（字景仁）、梁琮（字文叔）、泉州府学教授吴英（字茂实）同游武夷山，作诗唱和："此山名自西京传，丹台紫府天中天。似闻云鹤时降集，应笑磨蝎空回旋。我来适此秋景晏，青枫叶赤摇寒烟。九还七返不易得，千岩万壑渠能专。同游幸有二三子，天畀此段非徒然。梁郎季子山泽癯，傅伯爱益瀛洲仙。相逢相得要强附，却恨马腹劳长鞭。黄华未和白雪句，画舸且共清泠川。回船罢酒三太息，百岁谁复来通泉？盈虚有数岂终极，为君出此穷愁篇。"① 傅景仁喜欢"回船罢酒三太息，百岁谁复来通泉"句，数日屡诵之。朱熹在武夷宫向同游者讲《大学》"正心诚意"。袁枢有经世济民之才，却流露出归隐山林的消极态度。"君家道素几叶传，只今用舍悬诸天。屹然砥柱战河曲，肯似落叶随风旋。奋髯忽作猬毛磔，浩气勃若霄中烟。隐忧尚喜遗直在，壮烈未许前人专。武夷连日听奇语，令我两腋风泠然。初如茫茫出太极，稍似冉冉随群仙。安能局促夜起舞，下与祖逖争雄鞭。终怜贤屈惜往日，亦念圣孔悲徂川。愿君尽此一杯酒，预浇舌本如悬泉。沃心泽物吾有望，勒移忍继钟山篇。"② 朱熹以诗劝勉袁枢，断不可归隐山林。同年十二月严州教授袁枢寄来的新作《通鉴纪事本末》，朱熹阅读后以诗答之："先生谏疏莫与传，忠愤激烈号昊天。却怜广文官舍冷，只与文字相周旋。上书乞得聊自屏，清坐日对铜炉烟。功名驰骛往莫悔，铅椠职业今当专。要将报答陛下圣，矫首北阙还潸然。属词比事有深意，凭愚护短惊群仙。阙言未秉太史笔，自幸已执留台鞭。果然敕遣六丁取，香罗漆匣浮桐川。阴凝有戒竦皇鉴，阳剥欲尽生玄泉。明年定对白虎殿，更诵《大学》《中庸》篇。"③ 可见朱子积极入世的态度，影响着士友，且为"恭闻上读此书，有'履霜坚冰'之语"而感到高兴。

---

① 朱熹：《朱子全书·晦庵先生朱文公文集》卷4《奉陪机仲宗正景仁太史期会武夷而文叔茂实二友适自昭武来集相与泛舟九曲周览岩壑之胜而还机仲景仁唱酬迭作谓仆亦不可以无言也衰病懒废那复有此勉出数语以塞嘉贶不足为外人道也》，上海古籍出版社、安徽教育出版社2002年版，第365页。

② 朱熹：《朱子全书·晦庵先生朱文公文集》卷4《复用前韵敬别机仲》，上海古籍出版社、安徽教育出版社2002年版，第366页。

③ 朱熹：《朱子全书·晦庵先生朱文公文集》卷4《读〈通鉴纪事本末〉用武夷取义由朱子率先提出和元韵寄机仲》，上海古籍出版社、安徽教育出版社2002年版，第367页。

2. 仙境结茅

朱熹从绍兴十三年（1143）至淳熙十年（1183）家居五夫，却经常到武夷山，是地道的武夷山常客，故有"琴书四十年，几作山中客"[1]之说。朱熹喜爱武夷山水之美，尤其看中五曲之清幽，这从"乾道己丑（乾道五年，1169），予舟过而乐之。及今始能卜筑，以酬曩志"[2]便可看出。淳熙九年（1182），朱熹弹劾贪官唐仲友不果，从浙东提举卸任以来，于淳熙十年春夏在五曲北岸大隐屏峰下自力更生建成武夷精舍，有仁智堂、隐求室、止宿寮等建筑群体，后来自号"隐屏精舍仁智堂主人"。隐屏精舍是武夷精舍最初之名，后来又有武夷书院之名。同年九月十五，朱熹写信给浙东学者陈亮："武夷九曲之中，比缚得小屋三数间，可以游息。春间尝一到，留止旬余。溪山回合，云烟开敛，旦暮万状，信非人境也。尝有数小诗，朋旧为赋者亦多。"[3] 当然有意请陈亮和作《武夷书堂十二咏》，广泛宣传武夷精舍宣扬儒家思想。淳熙十二年四月，朱熹又致信陈亮，告诉说"三月初间略入城，归来还了几处人事，遂入武夷"[4]，在武夷精舍著述立说、授徒讲学。朱熹在武夷精舍的八年里，以溪山主人的身份享誉中外，且以理学造诣吸引许多人负笈而来求学，接踵而来作"武夷之客"。慕名而来的大量学者，在武夷精舍聆听、栖身外，也到冲佑观歇脚、览胜与凭吊武夷君。洞天神府冲佑观与理学圣地武夷精舍，皆成为武夷人文鼎盛之美景。

3. 慢亭祠官

宋代设祠禄之官，名义上是管理天下洞天神府宫观，起初本意是安顿高年资官员，"以佚老优贤"。到神宗时王安石主政推行新法，反对者不少，君相则以祠官处异议者以减少阻力，遂诏"宫观毋限员，并差知州资序人，以三十月为任"。又诏"杭州洞霄宫、亳州明道宫、华州云台观、

---

[1] 朱熹：《朱子全书·晦庵先生朱文公文集》卷9《武夷精舍杂咏并序》，上海古籍出版社、安徽教育出版社2002年版，第521页。

[2] 朱熹：《朱子全书·晦庵先生朱文公文集》卷9《行视武夷精舍作》，上海古籍出版社、安徽教育出版社2002年版，第520页。

[3] 朱熹：《朱子全书·晦庵先生朱文公文集》卷36《答陈同甫3》，上海古籍出版社、安徽教育出版社2002年版，第1579页。

[4] 朱熹：《朱子全书·晦庵先生朱文公文集》卷36《答陈同甫9》，上海古籍出版社、安徽教育出版社2002年版，第1592页。

朱子与武夷洞天神府

建州武夷观、台州崇道观、成都玉局观、建昌军仙都观、江州太平观、洪州玉隆观、五岳庙自今并依嵩山崇福宫、舒州灵仙观置管干或提举、提点官"[1]。而设官提举、主管宫观，储备官员的同时，也加强所在地的山水保护。朱熹多年不肯去当官，有"奉香火于幔亭之祠"[2]的愿望，于淳熙三年（1176）九月至淳熙五年七月主管过建宁府武夷山冲佑观——幔亭之祠，但无须到实地就任，可领半俸养家，以便从事学术教化，朱子后学熊禾认为"文公讲道武夷，力卫正学，独神仙一事不深诋"[3]，重要的是延续宗庙祭祀精神，而不仅仅只是出于养生修行之需。

朱子主管过冲佑观，其《文集》中提及刘子翚、张栻、吕祖谦、傅自得、张维、王师愈、黄永存等人也被朝廷任命为冲佑观祠官。如刘子翚于南宋初期"通判兴化军事。秩满，以最闻，诏还莅故官。先生始以哀毁致羸疾，至是，自以不复堪吏责，遂丐闲局，主管武夷山冲佑观以归"[4]。即刘子翚诗云"几年归梦水云间，猿鹤重寻已厚颜。惭愧君恩犹窃禄，官衔新带武夷山"[5]者。如张栻晚年"自以不得其职求去，诏以右文殿修撰提举武夷山冲佑观"。但"已不及拜矣"，因为淳熙七年春二月甲申，"秘阁修撰、荆湖北路安抚广汉张公卒于江陵之府舍"[6]。淳熙七年里，吕祖谦主管武夷冲佑观，即朱熹称"伯恭武夷直阁大著契兄坐下"[7]者。朱熹认识

---

[1] ［元］脱脱等：《宋史》卷170《志第一百二十三》，中华书局2017年版，第4080页。

[2] 朱熹：《朱子全书·晦庵先生朱文公文集》卷25《与傅漕书》，上海古籍出版社、安徽教育出版社2002年版，第1124页。

[3] 熊禾：《熊勿轩先生集》卷2《升真观记》，明隆武刻本，第110页。

[4] 朱熹：《朱子全书·晦庵先生朱文公文集》卷90《屏山先生刘公墓表》，上海古籍出版社、安徽教育出版社2002年版，第4168页。

[5] 刘子翚：《屏山集》卷17《得冲佑命》，杨国学校注，中国书籍出版社2012年版，第240页。

[6] 朱熹：《朱子全书·晦庵先生朱文公文集》卷89《右文殿修撰张公神道碑》，上海古籍出版社、安徽教育出版社2002年版，第4139页。

[7] 朱熹：《朱子全书·晦庵先生朱文公文集》卷34《答吕伯恭书34》，上海古籍出版社、安徽教育出版社2002年版，第1505页。

的张维主管武夷山冲佑观①，黄永存"为朝议大夫、主管武夷山冲佑观"②，傅自得以"奉大夫直秘阁主管建宁府武夷山冲佑观"③，王师愈第一次"得请主管武夷山冲佑观"、第二次得"提举武夷山冲佑观"④，等等。但朱子对朝廷设官主管天下宫观有异说："华州云台观、南京鸿庆宫，有神宗神像在，使人主管，犹有说。若武夷山冲佑观、临安府洞霄宫，知他主管个甚么？"⑤ 祠官泛滥，增加财政负担，必然是加重百姓的经济负担。也就是说，朱子认为宋朝祠官制度有不合理的一面。

朱子畅游武夷，热爱武夷，讲学武夷，弘道武夷，以其理学造诣推动武夷文化向前发展，使得神仙洞府武夷山成为闻名天下的理学名山，在古代崇拜武夷君的基础上，增添了全新的人文精神之内涵。

（本文作者为武夷学院朱子学研究中心副研究馆员、武夷山朱子文化研究中心研究员）

---

① 朱熹：《朱子全书·晦庵先生朱文公文集》卷93《左司张公墓志铭》，上海古籍出版社、安徽教育出版社2002年版，第4297页。

② 朱熹：《朱子全书·晦庵先生朱文公文集》卷89《朝议大夫致仕赠光禄大夫黄公神道碑》，上海古籍出版社、安徽教育出版社2002年版，第4149页。

③ 朱熹：《朱子全书·晦庵先生朱文公文集》卷98《奉大夫直秘阁主管建宁府武夷山冲佑观傅公行状》，上海古籍出版社、安徽教育出版社2002年版，第4540页。

④ 朱熹：《朱子全书·晦庵先生朱文公文集》卷89《中奉大夫直焕章阁王公神道碑铭》，上海古籍出版社、安徽教育出版社2002年版，第4159—4160页。

⑤ 黎靖德：《朱子语类》卷128《本朝二》，中华书局1986年版，第3076页。

论朱子《建宁府崇安县学二公祠记》的思想内涵及意义

王志阳

教育的本质是以完善人、培养人作为根本目标，并以此作为其对国家、社会的重要贡献，但是在具体的教育实践中，却容易受短期的个人利益的误导，走向了急功近利的歧路。为了引导士大夫少走弯路，执着于成才大道，朱子在不惑之年前就撰写《建宁府崇安县学二公祠记》，力求引导士子走向正道。《建宁府崇安县学二公祠记》是朱子为崇安县学设立赵抃、胡安国祠堂所作记文，作于乾道四年（1168），即朱子所说："乾道三年，……明年五月甲子讫功，……"[1] 时年朱子39岁，尚未及不惑之年，亦未达到学术盛产之年，如朱子最具代表性作品《四书章句集注》尚处于草稿阶段，距离在婺州（今浙江金华）的第一次正式刊刻还有三年之久。[2]但是朱子在此篇文献中系统阐释了教育的基本问题，甚至将其视作《大学》的具体注解。《与曾裘父》说：

> 敬夫为元履作《斋铭》，尝见之否？谩纳一本，其言虽约，然《大学》始终之义具焉，恐可置左右也。崇安二公祠记，熹所妄作，辄往求教，虽不及改，尚警其后也。[3]

---

[1] 朱熹：《朱子全书·晦庵先生朱文公文集》，上海古籍出版社、安徽教育出版社2002年版，第3708页。
[2] 束景南：《朱熹年谱长编》，华东师范大学出版社2001年版，第731页。
[3] 朱熹：《朱子全书·晦庵先生朱文公文集》，上海古籍出版社、安徽教育出版社2002年版，第1694页。

雍正崇安县城图（朱燕涛　摄）

论朱子《建宁府崇安县学二公祠记》的思想内涵及意义

敬夫是张栻的字，其所作《斋铭》被朱子视作《大学》的现代翻版，而朱子接着提出其最新作品崇安二公祠记希望得到指正，而其自评是向张栻《斋铭》一样的目的。所谓崇安二公祠记就是本文《建宁府崇安县学二公祠记》，则朱子在撰写此文之时，已然将《大学》的价值融入于此文之中，并将其视作呈现《大学》内涵的代表作品。但是朱子对其文的如何呈现《大学》的内涵，学术界并未有具体讨论，故本文将就此篇文献的价值及对《大学》意义的创造性体现来展开研究。

一、以《大学》为标杆：《建宁府崇安县学二公祠记》的根本内涵

《大学》不仅是为学的指导方针，更是教育的总纲。在书面知识学习方面，《大学》为学者提纲学习的路径，正如朱子说："《大学》是为学纲目。先通《大学》，立定纲领，其他经皆杂说在里许。通得《大学》了，去看他经，方见得此是格物致知事，此是正心诚意事，此是修身事，此是齐家治国平天下事。"[1] 在学习实践方面，《大学》更是行动指南，朱子说："《大学》如一部行程历，皆有节次。今人看了，须是行去。今日行得到何处，明日行得到何处，方可渐到那田地。若只把在手里翻来覆去，欲望之燕之越，岂有是理。"[2] 正是不管学习书面知识，还是学习实践方面，《大学》都能够为学习者提供切实可行的方案，故朱子将《大学》作为首要学问，即"某要人先读《大学》，以定其规模……"[3] 正是基于《大学》对学者的指导价值，故朱子将其作为《建宁府崇安县学二公祠记》以复归《大学》作为立人本意，将教育以完善人才思想品德作为根本目标。

在教育中，培养人的品德是其最基本任务。《大学》说："大学之道，在明明德，在亲民，在止于至善。"朱子注曰：

> 大学者，大人之学也。明，明之也。明德者，人之所得乎天，而

---

[1] 黎靖德：《朱子全书·朱子语类》，上海古籍出版社、安徽教育出版社2002年版，第422页。

[2] 黎靖德：《朱子全书·朱子语类》，上海古籍出版社、安徽教育出版社2002年版，第421页。

[3] 黎靖德：《朱子全书·朱子语类》，上海古籍出版社、安徽教育出版社2002年版，第419页。

虚灵不昧，以具众理而应万事者也。但为其禀所拘，人欲所蔽，则有时而昏；然其本体之明，则有未尝息者。故学者当因其所发而遂明之，以复其初也。新者，格其旧之谓也，言既自明其德，又当推以及人，使之亦有以去其旧染之污也。止者，必至于是而不迁之意。至善，则事理当然之极也。言明明德、新民，皆当止于至善之地而不迁。盖必其有以尽夫天理之极，而无一毫人欲之私也。此三者，大学之纲领也。①

由上述内涵可知其要有三：一是教育是以培养至德高明的人作为根本目标；二是教育所培养的人才要具有社会担当，并由此改变社会或者其他人；三是教育所培养的人才要始终固守本性。这是《大学》的最重要内容，亦是朱子《建宁府崇安县学二公祠记》所推崇的自身教育思想初衷。

1. 在本质方面，教育是为了培养道德完备的知识分子，而非精致的利己主义者

朱子说：

> 熹惟今之为政者，固已不遑于学校之事，其或及之，而不知所以教，则徒以禄利诱人，而纳之卑污浅陋之域，是乃贼之，而于教何有！②

朱子在这里指出一个非常重要的现状是：执政者不重视学校教育，而即使重视学校教育的人也是以通过教育能够实现禄利来鼓励人而已，其结果就是引导学习者走入卑污浅陋的地步，即成为精致的利己主义者，而这是戕害学习者，并非真正教育本质，那么其反对此项内容的反面则是注重学校建设，还要将以圣人的思想与行为作为学生的学习榜样，以成为圣人作为人生的追求目标。朱子说：

---

① 朱熹：《朱子全书·四书章句集注》，上海古籍出版社、安徽教育出版社2002年版，第16页。

② 朱熹：《朱子全书·晦庵先生朱文公文集》，上海古籍出版社、安徽教育出版社2002年版，第3709页。

论朱子《建宁府崇安县学二公祠记》的思想内涵及意义

> 今诸葛侯于兹邑,既新其学,而语之以圣贤之事,又能尊事两公,俾学者由是而达焉,则可谓知所以教矣,此其志岂特贤于今之为政者而已哉![①]

朱子赞赏诸葛侯之事,其最重要的原因在于诸葛侯教诲诸学生是以圣贤之事,并以成为圣贤来勉励学生,而不是简单地以读书能够获得禄利的目标。这就是朱子后来一直主张的读书当思天下为己任,而非以科举考试作为根本目标。

2. 在受教育阶段,教育的任务重在奠定学者长期的学习目标

《建宁府崇安县学二公祠记》载:

> 诸君自今以来,盖亦望其容貌而起素敬之心,考其言行以激贪懦之志,然后精思熟讲,反之于心,以求至理之所在而折衷焉。庶几学明行尊,德久业大,果能达于圣贤之事,是则两公私淑后来之本意,而亦区区平日所望于诸君也。[②]

此段内容是崇安知县诸葛侯的观点,但是朱子是深表赞同的,其原因有二:一是朱子认为诸葛侯所说观点是"圣贤之事"[③];二是朱子希望诸葛侯的观点被诸多学者所接受,并被落实到具体实践当中,即"乃具书其本末,以视同志,愿相与勉焉,以无负诸葛侯之教也"[④]。上述观点实可视为朱子本人的观点,故我们由此可知,通过教育要实现学明行尊的效果,具有德久业大的成就,最终是为了实现圣贤之事,即前述《大学》的齐家、治国、平天下的圣人目标,这就是学习要树立大志向的根源,亦是"激贪懦之志",正如朱子所说:"为学须先立得个大腔当了,却旋去里面修治壁

---

① 朱熹:《朱子全书·晦庵先生朱文公文集》,上海古籍出版社、安徽教育出版社2002年版,第3709页。
② 朱熹:《朱子全书·晦庵先生朱文公文集》,上海古籍出版社、安徽教育出版社2002年版,第3708—3709页。
③ 朱熹:《朱子全书·晦庵先生朱文公文集》,上海古籍出版社、安徽教育出版社2002年版,第3709页。
④ 朱熹:《朱子全书·晦庵先生朱文公文集》,上海古籍出版社、安徽教育出版社2002年版,第3709页。

落教绵密。"① 由此才能避免为眼前的利益所困扰,真正着眼于长久的目标。

二、以《大学》的实现途径为本：《建宁府崇安县学二公祠记》呈现的教材编撰思想

《大学》的纲领在引人向善,以培养人作为教育的根本目标,但是《大学》纲领的实现途径需要立足于八目,即要通过格物、致知、诚意、正心、修身、齐家、治国、平天下才能够实现最终圣人目标。因此,实现《大学》的圣人目标需要在整个过程中不断砥砺前行,而无法一蹴而就,故需要创新教育方法,其最重要的途径是以本地先贤事迹作为典范教材,开启学者落实《大学》八目的具体路径。

由前述可知,朱子高度推崇诸葛侯的教育方法,而其实现圣人目标不仅有圣人之事,更是通过树立赵汴、胡安国二人的事迹作为学生学习的主要对象,这正是朱子高度赞赏诸葛侯的一个重要因素,那就是有了圣人作为榜样,但是更要通过现实的先进人物事迹来作为学生学习的榜样,方能使教育效果达到最佳,其原因正是现实的先贤具有了《大学》实现的八目特征。《大学》说："古之欲明明德于天下者,先治其国;欲治其国者,先齐其家;欲齐其家者,先修其身;欲修其身者,先正其心;欲正其心者,先诚其意;欲诚其意者,先致其知;致知在格物。"朱子注：

> 明明德于天下者,使天下之人皆有以明其德也。心者,身之所主也;诚,实也。意者,心之所发也。实其心之所发,欲其一于善而无自欺也。致,推极也。知,犹识也。推极吾之知识,欲其所知无不尽也。格,至也。物,犹事也。穷至事物之理,欲其极处无不到也。此八者,《大学》之条目也。②

由此可知,实现《大学》的总纲,需要从格物、致知、正心、诚意、

---

① 黎靖德：《朱子全书·朱子语类》,上海古籍出版社、安徽教育出版社2002年版,第277页。
② 朱熹：《朱子全书·四书章句集注》,上海古籍出版社、安徽教育出版社2002年版,第17页。

论朱子《建宁府崇安县学二公祠记》的思想内涵及意义

修身、齐家、治国、平天下逐步推进方能够实现既有的目标，故朱子将此八项作为实现《大学》的步骤，但是这八项步骤仅属大概情况，而非逐一推进，正如朱子对学生讲述为学次第说：

> 本末精粗，虽有先后，然一齐用做去。且如致知、格物而后诚意，不成说自家物未格，知未至，且未要诚意，须待格了，知了，却去诚意。安有此理。圣人亦只说大纲自然底次序是如此。拈着底，须是逐一旋旋做将去始得。①

由此可知，从格物到平天下的顺序仅是大致的方向而已，并非严格的为学步骤，亦正是持此观念，故朱子将崇安知县对学生所训之话录于文中，以达到为学生呈现现实榜样。诸葛侯说：

> 惟赵公孝弟慈祥，履绳蹈矩，为政有循良之迹，立朝著謇谔之风，清节至行，为世标表，固诸公之所逮闻也。至于胡公闻道伊洛，志在《春秋》，著书立言，格君垂后，所以明天理，正人心，扶三纲，叙九法者，深切著明，体用该贯，而其正色危言，据经论事，刚大正直之气，亦无愧于古人，则诸君岂尽知之乎！②

此段内容虽为诸葛侯所述之语，但是朱子却高度赞同其观点，故文末特地说"尊事两公"，而赵汴与胡安国做事的内容是"圣贤之事"，已然引之于前，但是朱子并未就诸葛侯对赵汴与胡安国的事迹是否属于圣贤之事，故我们再次将赵汴与胡安国的为人、处世、为政的事迹以《大学》八目的方式来加以整理。又因《大学》八目分属个体内在修养与外在实践两方面，正如朱子所说："修身以上，明明德之事也。齐家以下，新民之事

---

① 黎靖德：《朱子全书·朱子语类》，上海古籍出版社、安徽教育出版社2002年版，第482—483页。
② 朱熹：《朱子全书·晦庵先生朱文公文集》，上海古籍出版社、安徽教育出版社2002年版，第3708页。

也。"① 而"正心以上，皆所以修身也。齐家以下，则举此而错之耳"②。故我们只能看到修身、齐家、治国、平天下四方面的表现，而无法从其他人眼中看到一个人的格物、致知、诚意、正心四个方面的情况。为了使内容更加简明，我们将以修身、齐家、治国、平天下四个方面来呈现赵汴、胡安国的典范作用列之于下表：

人物 类别	赵汴	胡安国
修身	履绳蹈矩	刚大正直
齐家	孝、弟、慈祥	
治国	循良之迹	
平天下	蹇谔之风、清节至行	著《春秋传》

上述表格中的划分或许有不够恰当之处，如《春秋传》尚无法被确定为平天下的功业，但是以儒家三不朽而言，立言亦大体可以作为平天下的一个重要方面，就像诸葛侯所评论其作用达到："明天理，正人心，扶三纲，叙九法者"，则本人的归类大体亦可成立。

正是赵汴、胡安国用自己的实践证实了《大学》四目的内容，即修身、齐家、治国、平天下，那么他们将能够促进学生在治学方面的进步，这也就将学习圣人之事落实到具体可知可感的先贤人物。诸葛侯说：

> 顾念古昔圣贤远矣，则欲诸君自其近者而达之，是以象两公于此堂也。诸君自今以来，盖亦望其容貌而起肃静之心，考其言行以激贪懦之志，然后精思熟讲，反之于心，以求至理之所在而折衷焉。庶几学明行尊，德久业大，果能达于圣贤之事，是则两公私淑后来之本意，而亦区区平日所望于诸君也。③

---

　①　朱熹：《朱子全书·四书章句集注》，上海古籍出版社、安徽教育出版社2002年版，第17页。
　②　朱熹：《朱子全书·四书章句集注》，上海古籍出版社、安徽教育出版社2002年版，第17页。
　③　朱熹：《朱子全书·晦庵先生朱文公文集》，上海古籍出版社、安徽教育出版社2002年版，第3708—3709页。

正是通过地方先贤的事迹激励学者积极向上,追求成为圣贤,故朱子高度赞扬诸葛侯的观点,他对此下结论说:"俾学者由是而达焉,则可谓知所以教矣,此其志岂特贤于今之为政者而已哉!"① 正是通过向地方先贤学习其精神,由此实现成圣的教育目标。

三、树起朱子教育思想与史学思想的大纛:《建宁府崇安县学二公祠记》的意义

《建宁府崇安县学二公祠记》不是朱子最早完成的官方学校记文,如《漳州教授厅壁记》撰写于"绍兴二十六年七月甲子"②,亦不是最后的记文,如此后朱子还撰写有乾道九年(1173)《蕲州教授厅记》、乾道九年《南剑州尤溪县学记》③,但是在其之前的文章注重于教授之职,如前文《漳州教授厅壁记》说:"教授者,以天子之命教其邦人。凡邦之士,廪食县官,而充弟子员者,多至五六百余,少不下百十数,皆惟教授是师,其必有以率化服之,使躬问学,蹈绳絜,出入不悖所闻,然后为称。……不特此尔,又当严先圣先师之典祀,领护庙学,而守其图书服器之藏,下至金谷出内之纤悉,亦皆独任之。"④ 而此后的观念则是在此篇基础之上再次深化而已,如《蕲州教授厅记》说:"盖使之潜思乎《论语》、孟氏之书,以求理义之要,又考诸编年资治之史,以议夫事变之得失焉。日力有程,不蹶不惰,探策而问,劝督以时,凡以使之知所以明善修身之方,齐家及国之本,而于词艺之习,则后焉而不之急也。"⑤ 由此可知,朱子在《建宁府崇安县学二公祠记》所阐述的思想已然奠定了朱子此后的教育思想,这主要体现于两方面。

---

① 朱熹:《朱子全书·晦庵先生朱文公文集》,上海古籍出版社、安徽教育出版社2002年版,第3709页。

② 朱熹:《朱子全书·晦庵先生朱文公文集》,上海古籍出版社、安徽教育出版社2002年版,第3695页。

③ 朱熹:《朱子全书·晦庵先生朱文公文集》,上海古籍出版社、安徽教育出版社2002年版,第3718—3720页。

④ 朱熹:《朱子全书·晦庵先生朱文公文集》,上海古籍出版社、安徽教育出版社2002年版,第3694—3695页。

⑤ 朱熹:《朱子全书·晦庵先生朱文公文集》,上海古籍出版社、安徽教育出版社2002年版,第3716页。

1. 形成以培养人的品德修养作为教育目的的教育思想

由前述可知,《建宁府崇安县学二公祠记》注重以圣贤的道德事业作为教育的核心内容,其所秉持的教育观念是以学习者良好的道德品质与为国担当作为核心思想观念,这主要体现于科举考试和读圣贤书之间的关系。前述《建宁府崇安县学二公祠记》强烈反对"以禄利诱人"的科举考试之法,反而强调要以圣贤之学作为学习的内容,以圣贤之事作为学者的社会行为榜样。这涉及后来朱子所强调的学者当以圣贤之学作为主要精力的着眼点,而不该是以科举考试作为读书的主要目标,主要原因在于科举会使人急功近利,而非将圣贤之事落实到具体的实践当中,其弊端在于腐蚀人心。《朱子语类》载:

> 问科举之业妨功。曰:"程先生有言:'不恐妨功,惟恐夺志。'"若一月之间着十日事举业,亦有二十日修学。若被它移了志,则更无医处矣。①

从事科举之业,本无可厚非,但是从事科举之业最害怕的是学者被科举的禄利所诱惑而放弃修习圣人之学。正是害怕科举之业夺走士子的志向,朱子才将以禄利诱导学生的行为称为"纳之卑污浅陋之域"②,其原因在于学者尚未树立坚强的志向,无法抵挡科举的禄利之惑。朱子说:

> 士人先要分别科举与读书两件,孰轻孰重。若读书上有七分志,科举上有三分,犹自可;若科举七分,读书三分,将来必被它胜却,况此志全是科举。所以到老全使不着,盖不关为己也。圣人教人,只是为己。③

---

① 黎靖德:《朱子全书·朱子语类》,上海古籍出版社、安徽教育出版社2002年版,第414页。
② 朱熹:《朱子全书·晦庵先生朱文公文集》,上海古籍出版社、安徽教育出版社2002年版,第3709页。
③ 黎靖德:《朱子全书·朱子语类》,上海古籍出版社、安徽教育出版社2002年版,第412页。

论朱子《建宁府崇安县学二公祠记》的思想内涵及意义

为修身而读书与为科举而读书，显然是属于读书的目的不同而已，亦是读书的志向不同而已，但是这种不同的目标却能够深刻影响到学者的学习效果，因为以科举应试为目标而读书，会出现凭空蹈虚的情况，也会出现急功近利的局面，正如朱子所说："专做时文底人，它说底都是圣贤说话。且如说廉，它且会说得好；说义，它也会说得好。待它身做处，只自不廉，只自不义，缘它将许多话只是就纸上说。廉，是题目上合说廉；义，是题目上合说义；都不关自家身己些子事。"[1] 由此可见，以科举为读书目标者，注重在应试，而将圣贤之书视为应试之术而已，缺乏实践上的行为，由此也就导致了学者学得不深，亦学得不透彻的效果。

正是以科举作为读书目的会导致急功近利的效果，故朱子强调读书应该以圣贤之事作为目标，即"圣贤千言万语，只是教人做人而已。前日科举之习，盖未尝不谈孝弟忠信，但用之非尔。若举而反之于身，见于日用，则安矣"[2]。这正是《建宁府崇安县学二公祠记》所述"圣贤之事"[3]。

2. 形成编撰各类历史典籍以形成为现实服务的道统与榜样的史学思想

前述《建宁府崇安县学二公祠记》高度推崇诸葛侯以赵汴、胡安国作为教授诸生的教材，但是仅将此事视作朱子对赵、胡二公的评价，显然低估了《建宁府崇安县学二公祠记》的文献价值与意义。我们更该从此事看到朱子教授学生或者后学的一个更重要的教育方法已然初步成熟了，即以历史人物的事迹作为教育教学的现代教材，有助于传承学术思想，也能够提升教育的效果。故朱子此后着力于修撰各类史书以达到用史以提升教育效果和传承学术思想的目的。

在乾道五年（1169）之后，朱子编撰的史书包括《通鉴纲目》《八朝名臣言行录》《伊洛渊源录》《伊川年谱》，其中《通鉴纲目》开始编撰于乾道八年（1172），其编撰目的亦是为学者提供有效的引导目标，即《资治通鉴纲目序例》所说："虽然，岁周于上而天道明矣，统正于下而人道

---

[1] 黎靖德：《朱子全书·朱子语类》，上海古籍出版社、安徽教育出版社2002年版，第412页。

[2] 黎靖德：《朱子全书·朱子语类》，上海古籍出版社、安徽教育出版社2002年版，第412页。

[3] 朱熹：《朱子全书·晦庵先生朱文公文集》，上海古籍出版社、安徽教育出版社2002年版，第3709页。

定矣。大纲概举，而鉴戒昭矣；众目毕张，而几微著矣。是则凡为致知格物之学者，亦将慨然有感于斯，而两公之志，或庶乎其可以默识矣。"[1] 其所言两公是指司马光与胡安国，而朱子着力于编撰此书的目的在于为着力于格物致知的学者提供昭明的鉴戒之书，亦是以此作为定人道与正统的鲜活案例，从而为学者提供有效的教科书。

若是说《资治通鉴纲目》仅是删改史书以利于学者使用的改编教材，那么《八朝名臣言行录》《伊洛渊源录》《伊川年谱》则是为后世学者创立了历史新著，以呈现优秀的先贤的行迹与思想情况，从而为后世学者提供学习的典范作品。《八朝名臣言行录·自序》说：

> 予读近代文集及记事之书，观其所载国朝名臣言行之迹，多有补于世教者。然以其散出而无统也，既莫究其始终表里之全，而又汨于虚浮怪诞之说，予常病之。于是掇取其要，聚为此录，以便记览。尚恨书籍不备，多所遗阙，嗣有所得，当续书之。[2]

相对于《八朝名臣言行录》二十四卷的篇幅，此段序言可谓惜字如金，但是从其内容仍可知道三个重要内容。一是朱子编撰《八朝名臣言行录》的原因是名臣言行之迹有补于世教，而其编撰的目的是"以便记览"，即便于学者学习名臣言行之迹。二是朱子编撰《八朝名臣言行录》的根本原则是"有补于世教"，故对各类记载名臣言行的"虚浮怪诞之说"予以删汰，仅保留有助于世教的内容，亦是"掇取其要"。三是朱子对有补于世教的名臣言行材料持多多益善的态度，也就是有补于世教的名臣言行之迹能够为世教提供典范，故不嫌其多，可见其高度重视名臣言行对世俗的教化作用。

正是以名臣言行之迹具有教化世人的作用，故朱子重在于遴选先贤的事迹来呈现其有补于教化的作用，正可见朱子以历史人物言行来教化世人的作用。

---

[1] 朱熹：《朱子全书·资治通鉴纲目》，上海古籍出版社、安徽教育出版社2002年版，第22页。

[2] 朱熹：《朱子全书·八朝名臣言行录》，上海古籍出版社、安徽教育出版社2002年版第8页。

论朱子《建宁府崇安县学二公祠记》的思想内涵及意义

与之相似,《伊洛渊源录》《伊川年谱》等亦是以有补于世教作为编撰目的与初衷,正如元代苏天爵在《元鄂刻本序》所说:"朱子既录八朝名臣言行,复辑周、程、张、邵遗书,以为是书,则汴宋一代人材备矣。……盖自古为政者,必明道术以正人心,育贤材以兴治化,然则是书所述,其有关于世教已夫。"① 那么朱子编撰《伊洛渊源录》的初衷与目的与《八朝名臣言行录》如出一辙,并无二致。

综上所述,以历史人物言行事迹作为教化社会的典型教材,一直被朱子落实于具体实践当中,而其起始点正是《建宁府崇安县学二公祠记》,故从朱子治学的发展过程而论,《建宁府崇安县学二公祠记》是朱子有补世教史学思想的第一次论述,代表朱子的《大学》思想走向完全成熟。

(本文作者为武夷学院朱子学研究中心副教授、武夷山朱子文化研究中心研究员)

---

① 朱熹:《朱子全书·伊洛渊源录》,上海古籍出版社、安徽教育出版社2002年版,第1115页。

朱子与武夷文庙

朱燕涛

文庙，是祭祀以孔子为代表的历代儒家思想继承和传播中最优秀人物（包括历代家国精英和民族英雄）的殿堂集群，是一座容纳了众多宫殿式建筑的园林。它既是一座浓缩了辉煌华夏文明史与中国学术史的博览园，也是一所历久弥新传导儒家思想与教书育人的庙学一体的教育机构。文庙建筑是中华文化意象的地标，长期以来拥有极崇高的地位。它的建设表征着一个地方的文治形象。在拥有"千载儒释道，万古山水茶"美誉的武夷山市，古代"为七闽户牖，舟车辐辏，冠盖相属"（民国三十一年版《崇安县新志》，下同），经济繁荣，文化昌盛。"三教同山儒释道"，儒学文化在丰富多彩的武夷文化中高居首位。具体表现在武夷山的历代官员、士绅及百姓极敬仰文庙，并对武夷文庙的光大、建设与维护持续不绝。

"东周出孔丘，南宋有朱熹。"南宋的朱子便对武夷文庙崇敬有加，并倾心弘扬而与之结下了不解之缘。朱子在武夷山读书、讲学、著述及生活近五十年。其间，对武夷文庙关心有加，并亲自为文庙撰写过两篇对全国儒学及文庙影响深远的记文。此后，他在武夷山成就了集理学之大成的伟业，被公认为孔孟之后最大的儒者，赢得了"南方孔子""一代圣人"的盛誉。他逝后不久，陆续获得朝廷授予的极崇高的"文"字谥号、赠以"太师"及"徽国公"的封号并入祀孔庙直至十二哲之位。武夷山的文庙也因他的影响而倍享荣耀。朱子的文化贡献，同时也让武夷山在中华古文化的地位比肩邹鲁泰山。

随着历代文人及统治者对朱子越来越钦佩、尊崇和褒赏，武夷文庙建筑的体量与形制也愈加宏敞、巍峨与华美，至清代"宏丽为闽北冠""行道之人见宫墙之壮，轮奂之美，莫不肃然起敬"。即它的规模与精美程度，

文庙枫红（朱燕涛　摄）

超过作为闽北府治的建瓯文庙，成为儒教的南方圣地。如今崇圣祠西侧（今武夷山市政府大院）的参天古樟林，便是当年武夷文庙创立后所植，它们见证了武夷文庙的千年辉煌与沧桑。

一、武夷文庙创立与在南宋朱子过化的渊源

文庙俗称"孔庙"。但严格意义的"孔庙"只有"曲阜孔庙（北宗孔庙）"和"衢州孔庙（南宗孔庙，北宋末年金兵南侵，孔氏举族拥孔子神位随朝廷衣冠南渡而将宗庙安于浙江衢州）"，其他各地的都属"文庙"。文庙最初仅为地方的官办教育机构，称学宫、儒学。由于孔子在教育思想上的卓越地位，汉独尊儒术后，统治者要求"治必有学，学必尊孔"。"治"即州、郡（县）府所在地，"学"指官办的学校，称庠、序、教堂、学宫等。学校早期只在学堂中挂幅孔子画像让师生礼拜，即学校的拜孔场所仅是附属。随着儒家思想地位的进一步提升，后来在学校建设了独立的宫殿式建筑专门供奉孔子像及其重要弟子牌位，并接受包括师生、文人及官员的祭祀。其主体建筑的形制效法曲阜孔庙，也称"大成殿"。至于初始的学校部分，称为"立教堂"，后改"明伦堂"，取《孟子》"学则三代共之，皆所以明人伦"之义，是聚集生员讲经、弘道、读书、讲学之所。再后来，为了表示对孔子及其重要弟子的父辈祖先的同样敬重，又增建了"崇圣祠"殿宇。同时，为了表达对地方德行业绩卓越者的敬重，崇安还在其旁增建了一些名贤专祠，以纪念祭祀那些深受朝野尊崇的儒道贤达。为了满足更高层次学者的学习交流需要，有的还建有专门的书院。经过发展演进，这一官办"学校（学宫）"逐渐演化成为一个崇文重教，推行儒学思想教化的综合性教化建筑群。其中的"学校"职能后来退居其次，即其中学生聚读的学堂（明伦堂）演变为从属地位。因孔子被历代帝王敕封为"文宣王"，这一建筑群的整体在唐代时被称作"文庙"，以区别于孔氏宗族的"孔庙"建筑群。由于文庙中祀孔的大成殿为最突出、最重要的建筑，百姓及一些文献也常将其中的"大成殿"呼作"文庙"或"孔子庙""夫子庙"。文庙在唐贞观后由朝廷诏令，普及到全国每个郡县。从此，文庙在古代地方机构中居于至高无上的地位，其建筑也表征着一个地方的文治形象。

武夷山市也不例外，文庙的历史十分悠久。但武夷文庙由于别具一

格、劫波频仍并与"南方孔子"朱熹有着深厚渊源的传奇而不同寻常。它初建于北宋淳化五年（994）设立崇安县之时，"旧传在昼锦坊（现市区溪东），其地（具体地址）不可考。《旧志》云在兴贤坊（城关）营岭之右（南），宋绍圣二年（1095）知县王当（重）建"。营岭即今天武夷山市委、市政府大院及其周边地带，为旧崇安城内地理上最中心、地势上最高广的台地，百姓俗称"大岭顶"。早期的文庙与其他的文庙一致，也是大门朝南，建制有："大成殿"祀奉孔孟等先圣，殿前"两庑"祀孔子著名弟子及历代先贤；大成殿后面建"立教堂"等；东西建有四个斋楼和两座库房（藏书籍和存祭器）；大成殿前是"棂星门"，棂星门外建有"兴文祠""射圃"和"大观亭"，面积十余亩。南宋乾道三年（1167），知县诸葛廷瑞在文庙"立二贤祠，祀赵清献公、胡文定公，朱晦庵为之记"。即早在朱熹来武夷山之前，武夷文庙就有相当大的规模。

朱子14岁时，因父丧投身崇安县五夫里刘子翚等受养从学；17岁赴建州应试并中举，次年登进士第。学龄内就到崇安的朱熹，多次朝觐礼拜过县治的文庙。也许，其将孔孟思想发扬光大的志向，要"为天地立心，为生民立命，为往圣继绝学，为万世开太平"的理想，就是在武夷文庙的孔子像前萌发与坚定的。乾道年间，朱子学业精进，著述颇丰，已成为崇安有相当名望的人物。乾道三年知县诸葛廷瑞在文庙（县学）中创建"乡贤祠"，其内供奉赵清献与胡文定二先贤，让县学的学生时刻以他们作为学习修齐治平的楷模。为此诸葛廷瑞热情邀请朱子为其作一篇纪念文章。朱子对知县这一建树钦佩有加，欣然应允，挥笔写下了《建宁府崇安县学二公祠记》，对诸葛廷瑞在文庙中建立乡贤祠创举的过程及深远意义进行陈述与褒奖，将诸葛县令引为致力弘扬道统的"同志"（"同志"一词的渊源或最早出自朱子本文）。乡祠所祀的赵清献即北宋名臣赵抃，其任崇安县令时兴修了堪称"武夷都江堰"的浩大水利工程，恩泽崇安百姓至今。其深得朝廷倚重，后来官至参知政事（副宰相）。赵清献在《宋史》中被称作"铁面御史"以勤政清廉闻名，道德文章双馨，深为朱子所敬仰。乡贤祠所祀的胡文定即胡安国，崇安县内五夫里人，号"武夷先生"，是复兴岳麓书院并开创湖湘学派的大理学家。胡文定又是朱子老师胡宪的从父，朱子理学思想的形成深受他们叔侄的熏陶。因此，朱子为该乡贤祠作记当仁不让。随着朱子这篇"记文"的传颂，在文庙中修建乡贤祠后来在全国蔚然成风,成为传统。

乡贤祠建成十多年后的淳熙七年(1180),知县赵彦绳重修学宫与学舍。"学宫旧无田,彦绳核发寺田二顷有奇,给资士之贫者",即县衙收缴了城乡多处佛教废寺的田产归学宫所有,以其经营收入供养学宫运营,主要是资助贫困的学者、老师及学生,并提出形成制度,称"学田制"。朱子对县令创立"学田制"极为赞赏,再为武夷文庙激扬文字,写下洋洋洒洒的《建宁府崇安县学田记》雄文。朱子这篇"记文"不仅是一道慷慨陈词抑佛扬儒的檄文,也是一篇极力动员长效资助教育事业的倡议书。如同朱子在五夫创立的"社仓法"通过其《社仓记》感动了朝廷而得到全国推广,崇安县的在文庙建乡贤祠与立学田制之举,由于朱子这两篇"记文"的倡导并广为传播,后来也被全国各地许多文庙所效法并成为制度。这些记文,知县当年将其刻成了碑文。传说民国年间仍立于文庙内。如今武夷文庙只散见胡文定家族"胡氏五贤"绘像及"诫石铭"等数片石碑,朱子记文石刻已不知去向。有幸的是《学田记》拓本仍流传于民间,并屡次在文物拍卖市场现身。仅上述可见,朱子能够在武夷山"为往圣继绝学"发展了"后孔子主义"成为"南方孔子",与武夷文庙的渊源既深且长,并日久益彰。

二、武夷文庙规制在元明清规制的提升

武夷文庙建筑庞大,并随着朱子后来地位的不断提升而逐代升级。朱子生前虽受深重的政治迫害,但逝后8年即得到平反并恩荣有加。"(南宋)嘉定二年(1209)诏赐遗表恩泽,谥文,特赠宝谟阁直学士。宝庆三年(1227)赠太师,追封信国公。绍定三年(1230)改徽国公。""淳祐元年(1241)正月,从祀孔庙。""淳祐六年御书朱熹《白鹿洞教条》颁行天下学宫立石。"能入孔庙与"至圣先师"同祀,所撰"学规"由皇帝亲自书写刻碑作为全国文庙读书人的"宪法",这是对朱熹莫大的肯定与恩荣,自然也是崇安旷古首沾的巨大荣耀。这一荣耀的到来,启动了武夷文庙的不断升级扩容。"景定二年(1261),知县林天瑞复兴学宫,建诸贤祠于内。""咸淳元年(1265),知县刘汉传重建大成殿,易'立教堂'为'明伦堂',东为景行祠。"

进入元代,朱子声誉益彰,至正二十二年(1362)惠宗帝封朱子"齐

国公"并制词："正学久达于中原，涣号申行于仁庙。"诏令各地于文庙修建"朱子祠"以祭祀。元初理学家熊禾评道："宇宙间三十六名山，地未有如武夷之胜；孔孟后千五百余载，道未有如文公之尊"，武夷文庙愈加得到重视，并相应修筑了朱子祠。"至元十六年（1279），知县张茂绩重修儒学，建礼殿，修讲堂，构两庑，设三门，先贤祠宇、诸生斋舍罔不具举。""皇庆二年（1313）钦颁崇安籍学者胡文定《春秋传》、朱文公《四书集注》、蔡沈《书集传》全国学宫，为科举进士之经文定本，崇安学术嗣后执全国牛耳。""至治二年（1322），刘源祖知县事，甫下车，踵成前令修学宫，又建二坊跨冲通。左曰'风化之源'，右曰'道德之圃'。""泰定四年（1327），张端本知县事，增修县学、乡贤祠，又增广祀田，皆捐俸，自为记。""至正壬辰（至正十二年，1352），知县彭廷坚重修。"这些建筑后来毁于元末大动乱的兵灾。

进入明代，朱元璋更加推崇朱子理学，称颂朱子"集群贤之大成，从祀天下之孔庙。其道学之高明，如星斗丽乎天。"并钦定朱熹《四书集注》等作为科举取士之书，文庙进一步复兴。"洪武四年（1371），知县徐德新重建。永乐十一年（1413）修葺。学门之内立先贤祠，祀忠显、文靖、草堂、忠定、忠肃刘公，文定、靖肃、文忠、五峰胡公，微国文公，西山蔡公，忠献苑公，清献赵公，都官傅公，承议刘公，翊善翁公（此十六人均为崇安圣贤）。""正统二年（1436），邑人胡安国、蔡沈从祀孔庙。""嘉靖四年（1525），知县潘勖尝立社学于四门，聚童子之秀者，择师训之。朔望令诣学宫，讲诗学，习揖让，一时人才蔚起。"即，为满足人口发展对教育的需求，县府在各城门方位设立了四个学宫"分校"，请专门老师授课，并于每月初一和十五派学宫教员去辅导诗书礼仪，很快就培养了很多人才。

武夷文庙如同其他古代建筑，以土木为主，特别是在南方雨侵火毁频繁，屡毁屡建。明嘉靖三十一年（1552），武夷文庙在遭遇火灾后，进行了一次重大的改建与扩充，其朝向也由此前的南向改为东向。传说知县当年请来的堪舆大师认为，南方属"火"，所以文庙常遭火灾，建议将文庙各建筑改变朝向。之所以转为东向也有说法，一方面是面向太阳升起的地方及朱熹成长的五夫方向，可保文庙欣欣向荣；另一方面可以更好地适应营岭的地形，并可俯瞰崇安城内街坊及环抱城郭的崇阳溪流，使文庙更好地庇佑本邑文脉与百姓福祉，意蕴更为深远与美好。这一次的大改建，使武夷文庙的朝向和布局与全国其他的文庙大不相同，别具一格。文庙的主要建筑不是按纵向中轴线布局，而是按横向排列。大成殿整体上居中，殿前"左右为两庑（供奉先儒、先贤），各九间，庑末二间左为祭器库右为书籍库。前为正门，左右为翼门。又前为棂星门，皆琢石为之（今存立于市图书馆内）。庙左为明伦堂，堂左为名宦祠，右为乡贤祠。堂前左右廊各八间。左廊之左为启圣祠（即崇圣祠）。庙之右为教谕、训导署。棂星门前辟周道环于学宫，左转北向以临通衢为泮宫坊（现武装部位置）"。隆庆二年（1568），知县余乾贞"改建'江南邹鲁坊'，规模宏丽，倍于昔焉"。隆庆五年（1571），知县朱琏"饬学宫，崇先哲，为期日如子弟皆来会，以身教之，而文事复兴"。（陈省《朱文卿记略》）明末，文庙又数度改建，大门曾改向北，并一度迁址于北门牛氏巷，不久又迁回。

　　进入清代，尊孔达到历史高潮，朱子地位与声誉也上升到比肩孔孟。康熙二十六年（1687），御书匾额"学达性天"四字悬挂在武夷书院（《大清一统志》），康熙三十二年颁御书"学达性天"匾额于江南徽州。武夷文庙在清中后期定格了如今文庙遗址的最后规模。康熙五十一年，朱子由先儒升为先贤，配享大成殿列十二哲。在"十二哲"中，只有朱子一人非孔子弟子，即在春秋战国之后1500多年中，只有朱子一人位列圣哲之序，可谓殊荣之至。文庙因此被提出再次改扩建，布局又做调整，但朝向依旧面东。"康熙五十二年知县梅廷隽、教谕龚骏声呈请郡守张翔凤改建。中为大成殿，左右为庑，前为戟门，戟门之左为名宦祠，右为乡贤祠，外为棂星门。门外为黉墙。墙左为五贤祠。祠外稍转近街为坊。匾曰：'闽邦邹鲁'明董其昌笔也。殿之右为崇圣祠。祠右旷址深广十余丈，留为学署，其前为明伦堂，堂匾及照壁篆刻圣经，皆朱晦翁书。（崇圣祠）左右翼以夹室，暂为教谕署，（祠）堂前左右为廊庑，中为仪门，左为长生祠，右为土地祠。前为泮池，池上为桥（洙泗桥，俗称状元桥），桥前为大门。大门之外，右为忠义孝悌祠。旁辟为射圃，圃外建文昌阁，暂为训导署。门额石刻'义路''礼门'四字。……其制仍向东，盖顺地脉云。""康熙五十五年知县陆廷灿（茶圣陆羽裔孙，著有《续茶经》)完竣其事。"历时五年的浩大工程，得到了来自各方的鼎力支持。其中邑人"卢攀龙与彭六顺同修永宁桥，工竣，剩巨木三百余，俱留为学宫之用。"可惜的是，如此浩大的宫殿建筑于嘉庆十二年（1807）七月又毁于大火。清后期，朝廷渐趋没落，但有幸崇安闽商崛起，且他们十分崇敬儒学与热衷公益。光绪五年（1879），"一家两二品"并经营茶叶为巨富的乡绅万方昆等出资复建文庙，在原址"规复旧制而益拓大之。飞阁流丹，壮丽甲于闽北。"摄于20世纪70年代的两座牌坊照片及今日仍可见到的明伦堂斗拱木雕，仍能窥斑见豹地感知当年文庙的壮观华美。光绪十年（1884）七月，文庙部分建筑又遭遇火灾焚毁，万方昆再度捐资重建。其中再度重建的崇圣祠大殿因资金匮乏等原因未再饰雕梁画栋而质朴无华。

三、武夷文庙在近现代一波三折的式微与复兴

清末民初，社会动荡，文庙失修，"丹碧剥落，殿庑半圮"。至民国二十八年（1939），作为抗日大后方的崇安稍得安宁，县长刘超然等组织专门委员会筹款，历时两年四个月对文庙进行整修，"规模如旧，轮奂一新"。但囿于抗战期间福州等沿海城市沦陷，大量政府机关与百姓转移闽北，崇安党政机关及人员骤增，办公楼院不敷使用，经县长"详准"将明伦堂与崇圣祠整修做政府用房，崇圣祠大殿改造为会议礼堂，左右廊庑改造为办公室。这一动作引起了本县人士的抗议，县长迫于民意，于是"乃以大成殿（址在现市武装部内）后武夷小学地址（今市委和政府大楼的基址）修建为崇圣祠，其规则始告完备云"。即另修建了一栋相对简易的建筑充当崇圣祠，使文庙的规制仍保持完整，抚慰了地方士绅百姓的不满。

1949年5月，崇安县城和平解放，并成了福建省首座解放的县城。在崇圣祠改造的政府礼堂内，旧政权的县长向人民政府的代表进行了象征权力的印章与文档等物件的交接仪式。崇安是福建的北大门，它兵不血刃便"城头变幻大王旗"的示范效应，有力地推进了之后的福建全境的顺利解放。同年12月，人民政府组织的崇安县各界人民代表会议也在该礼堂召开并留下了珍贵的代表合影照片。随后，人民政府在文庙内继续办公，并将文庙其余建筑全部改造作党政等单位的办公及生活场所。其中的大成殿改造为"人民文化宫"，两庑改造为机关工作人员宿舍；崇圣祠、明伦堂的部分附属建筑及廊、亭、阁等被拆除，建成县委、县政府、司法部门及食堂等用房。1959年全省文物普查，武夷山未被拆除的文庙建筑及场地于1961年被福建省政府公布为首批省级文保单位，并得到省财政拨款修葺。

"文化大革命"期间，作为土木结构的文庙多座建筑因失修而出现了

不同程度的破损。

20世纪90年代后，武夷山市党政机关陆续搬迁至新建的市委、市政府大楼，崇圣祠与明伦堂逐渐被闲置，并由于被闲置而多年失修，很快出现了瓦漏墙裂并导致木构朽烂等问题。

1997年4月，全国政协委员、中国工程院院士、国家文物鉴定委员会委员、清华大学建筑学院兼职教授傅熹年以及中国建筑研究所所长陈同滨等专家，接受武夷山市政协领导的邀请，考察了武夷文庙遗存建筑。他们对文庙中幸存的棂星门石牌坊及明伦堂木构大为赞赏，对其中的明伦堂内的斗拱、榫卯、梁柱、穿斗等范式工艺及其雕花表示惊叹，认为深具武夷山地方特色，其中的一些工艺是学界认为在清代已失传的明式技法。明伦堂外观虽然极不显眼，但从内部看，其木构是他们至少在闽北见过的古建筑中最珍贵的木作工艺，文物价值极高。此后，武夷山有识之士不断发出呼吁，请相关部门加紧抢救和保护这些宝贵的文庙遗存，并希望适时规划恢复文庙传统规模。这些呼吁逐渐引起了市委、市政府领导的重视。2010年4月，分管文保工作的副市长十分关心朱子文化相关古迹，考察了文庙四至遗存。不久，闽北发生了百年不遇的"6·19"特大暴雨灾害，武夷山文庙的崇圣祠封火墙发生了局部坍塌。物业管理部门为安全计，欲将其就势整体拆毁。该副市长接到来自政协文史委对这一情况的紧急报告，立即召开座谈会，组织政府相关部门听取政协委员和社会贤达的意见。决定必须抢救文庙遗存。文庙崇圣祠与明伦堂的抢救工作就此启动。

2012年武夷山市"两会"上，政协委员针对文庙抢修进程状况，进一步提出了系列的建设性建议。当年，香港浸会大学的一位博士生来到武夷山，在参观完武夷文庙后致信市领导，建议在文庙恢复祭祀孔朱和举行敬师礼等传统仪式活动。市文体局将两份建议整合后以呈阅件形式向市委、市政府报告。市主要领导阅后立即做了批示，并责成分管领导组织落实。2013年，市主要领导邀请到4位国家级文保专家对武夷文庙遗存进行鉴定。2014年，市政府斥资300多万元，聘请了专业古建施工队，对两座古建筑进行修旧如旧的整体翻修。2015年8月，崇圣祠与明伦堂主体基本修复。

武夷文庙崇圣祠与明伦堂主殿修复后，成了武夷山市弘扬传统文化、崇尚尊师重教的青少年教育基地，成了举办党员干部传统教育培训的中心组学习课堂。其中的崇圣祠是武夷山市中小学开学时举办祭孔、敬师礼和成人礼的重要场所；明伦堂是武夷学院国学讲堂分坛，武夷山市委组织及宣传部门定期聘请的专家学者讲座也在这里举行。武夷文庙修缮后的活化利用，深得社会各界及上级领导的高度称赞。市委、市政府积极学习贯彻习近平总书记考察武夷山朱熹园的重要讲话精神，努力恢复武夷文庙的原有规制，再现"宏丽为闽北冠""行道之人见宫墙之壮，轮奂之美，莫不肃然起敬"的文明气象，使武夷山"千载儒释道"中首屈一指的"道南理窟"儒学圣地实至名归，让"道在武夷，理行天下"有所物化归依，以此增进朱子文化的进一步弘扬光大。

（本文作者为武夷文化研究院研究员、武夷山市政协文史研究员、武夷山朱子文化研究中心研究员）

朱子与长涧源

黄胜科

国以民为本，民以食为天。民本思想是我国传统的治国思想之一。作为一代思想家、教育家的朱熹，具有深厚的民本思想，认为民是国家的根本，统治者要想国家稳定、强盛，就要恤民爱民，争取民心。朱熹的重民思想具体体现在其爱民如子、取信于民、与民同乐、富民为本等重民主张，明确提出"天下国家之大务莫大于恤民"[①]"平易近民，为政之本"[②]"大抵守官且以廉勤爱民为先"[③] 的主张。朱熹在崇安（今福建武夷山）长涧源赈济灾民的盛举，正是他"重民"思想的实践活动之一，给后人留下一个榜样。

南宋隆兴元年（1163）十一月六日，朱熹应诏入垂拱殿奏事（即《癸未垂拱奏札》）。面对孝宗皇上，朱熹慷慨陈词，连上三札，论正心诚意格物致知之学、外攘夷狄之复仇大义、内修政事之道，希望皇上用儒家纲常名教和德治思想去整顿社会，巩固统治秩序。但孝宗皇帝并没有接受他的这些思想，朱熹只好怀着一腔忠耿不被赏识的悲愤之情离开临安匆匆南归。隆兴元年底，朱熹回到五夫家中，又开始讲学著述、授徒交友的自在生活。

然而，论政受挫并没使朱熹从此不问政事。虽然当时他只是一个不管地方行政事务的祠官，但却有着范仲淹所说的"处江湖之远，则忧其君"品格，努力把苦心孤诣所钻研的学问施行于民间。

乾道四年（1168）春夏之交，由于上年大水，秋冬收成不好，闽北的建阳、崇安、浦城一带发生严重饥荒，庶民处境悲惨。崇安北境的浦城饥民

[①] 《晦庵先生朱文公文集》卷11。
[②] 《朱子语类》卷108。
[③] 《朱子大全》卷49答《滕德粹》。

朱子与长涧源

长涧源（孙开彦 摄）

聚集反抗官府，来势迅猛，大有波及崇安之虞。崇安知县诸葛廷瑞知朱熹贤，诚邀他会同乡耆刘如愚共董乡里救灾赈粜善举。

接到诸葛廷瑞的信函后，朱熹义无反顾地投入赈灾救济的行列。他立即拜访在乡的朝奉郎刘如愚，申文呈请建宁知府徐嚞，请求发放常平仓（官仓）的存粮以应救灾急需，得到徐嚞的支持后，沿建溪运来大米六百斛，以解燃眉之急。但六百斛大米终究是杯水车薪，只能解决饥民十天半月的口粮，要使灾民度过青黄不接的春夏之交，还远远不够。朱熹与刘朝奉商量，又着手劝善募粮，动员里中豪富、米商，发家中存粮，以平价赈济灾民。经朱熹的耐心劝说、恩威并施，几天内筹粮两千多担，基本解决灾民度荒之粮。浦城饥民闻知崇安集粮粜济，民心安定，便打消攻打五夫抢粮的念头。

这次赈济行动前后历时 50 多天。朱熹在《建宁府崇安县五夫社仓记》中曾记述了这次救灾情况：

> 乾道戊子春夏之交，建人大饥。予居崇安之开耀乡，知县事诸葛侯廷瑞以书来属予及其乡之耆艾左朝奉郎刘侯如愚曰："民饥矣！盍为劝豪门发藏粟，下其直以赈之？"刘侯与予奉书从事。里人方幸以不饥。俄而盗发浦城，距境不二十里，人情大震，藏粟亦且竭。刘侯与予忧之，不知所出，则以书请于县于府。时敷文阁待制信安徐公嚞知府事，即日命有司以船粟六百斛沂溪以来。刘侯与予率乡人行四十里受之黄亭步下，归籍民口大小仰食者若干人，以率受粟，民得遂无饥乱以死，无不悦喜，欢呼声动旁邑。于是，浦城之盗无复随和而束手就擒矣。①

祸不单行。这年七月，崇安大水，朱熹又投入长涧源巡视救灾。长涧地处武夷山脉温林、寮竹两关之下的峡谷中段，为坑口溪北岸的一段涧谷。长涧源村散布在溪涧两侧，村后高山险峻，竹木茂密，一片片的杉松，一株株的翠竹，长势旺盛，清秀喜人。村前一片平畈，稻菽茁壮。乡民祖祖辈辈务农耕山，过着半林半农、安居乐业的生活。然而连天的大

---

① 《晦庵先生朱文公文集》卷 77。

雨，引起温林关山洪暴发，坑口溪两岸十几个村庄房屋倒塌，桥梁冲垮，田园浸没，乡民断炊。长涧源一带出现了"阡陌纵横不可寻，死伤狼藉天悲吟"的景象。

朱熹在五夫家中闻知灾情，正想为家乡父老解忧分愁之时，建宁知府徐嘉派人送来急信，敦请朱熹与崇安县主簿一道巡视西乡灾情。接信第二天日，朱熹就会同崇安县吏数人从西路石雄里溯河而上，直赴温林关下长涧源。根据朱熹"自寺溪入长涧，由杨村以出"的描述，其巡视路线大约为由现上梅村厅下一带出发（"寺溪"为现厅下村的自然村），经云山、下山、周畲等自然村，达坑口长涧源，再由长涧源沿溪而下经廓前、东村等，由洋庄（"杨村"疑为现洋庄）返回，行程十日。沿溪跨河桥梁已被冲毁，众人只得脱鞋涉水，踩着洪积的沙土，艰难跋涉。朱熹本来就有足疾，随着县吏在被洪水冲得坎坷不平的路上，深一脚浅一脚地前行，更为艰苦。一路上，朱熹目睹灾后惨状，耳听灾民啼哭呻吟，长叹不已。

朱熹一行来到灾后的长涧源一带。这里是受灾最为严重的村庄，泥沙烂石铺盖了一大片田畈，田园里沙丘垛垛，长涧源村外已分辨不出田亩经界。山崩屋塌，庐舍尽成废墟，灾民们拖儿牵女，栖居在灾后搭起的简陋茅棚里，呻吟声、啼哭声连成一片，"所过不堪举目"[①]，使人闻之心酸。朱熹逐户询问安慰，并吩咐衙役具实造册备赈。朱熹在《答林择之》书中曾记述了这段经历：

> 熹以崇安水灾，被诸司檄来，与县官议赈恤事，因为之遍走山谷间，十日而后返。根据大率今时肉食者漠然无意于民，真是难与图事。……此水所及不甚广，但发源处皆是高山，裂石涌水，川原田亩无复东西，皆为巨石之积，死伤几百人。行村落间，视其漂荡之路，听其冤号之声，殆不复能为怀。[②]

朱熹巡视回衙汇报，立即修书向建宁知府呈报灾情，参与救灾活动，并写下哀恤灾民的《杉木长涧四首》：

> 我行杉木道，弛辔长涧东。伤哉半菽子，复此巨浸攻。

---

① 《晦庵先生朱文公文集·续集》卷2，《答蔡季通》37。
② 《晦庵先生朱文公文集》卷43。

> 沙石半川原，阡陌无遗踪。室庐或仅存，釜甑久已空。
> 压溺馀鳏孤，悲号走哀恫。赈恤岂不勤，丧养何能供。
> 我非肉食徒，自闭一亩宫。箪瓢正可乐，禹稷安能同。
> 揭来一经行，歔欷涕无从。所惭越尊俎，岂惮劳吾躬。
> 攀跻倦冢顶，永啸回凄风。眷焉抚四海，失志嗟何穷。
>
> 朝发长涧头，夕宿长涧尾。
> 伤哉长涧人，祸变乃如此！
>
> 县官发廪存鳏孤，民气未觉回昭苏。
> 老农向我更挥涕，陂坏渠绝田苗枯。
>
> 阡陌纵横不可寻，死伤狼藉正悲吟。
> 若知赤子元无罪，合有人间父母心。

这四首诗是朱熹对灾情惨烈程度及赈灾工作的全面实录，抒发了他对遍地哀鸿的无限怜悯之情，并对当时的"肉食徒"（指官吏一类有地位的人）敷衍塞责不关心民间疾苦的现象进行了严责。特别是第一首，它是对灾情及赈恤工作的全面写照。诗中描述了自己亲眼所见的灾情，抒发了发自肺腑的感叹，也为自己一介寒儒，无职无权，无力为灾民解除痛苦而深感内疚，具有极强的感染力，充分表露出朱熹关心民瘼、恤民爱民的思想感情。这里表面是写自己的内疚，实则通过"我非肉食徒"（我不是在其位却不关心民众疾苦的无耻之徒）、"所惭越尊俎"（不能超越职权代替救灾之事）等语言，隐含着对当权者不关心民瘼的谴责。后三首诗是第一首灾情及灾民苦况的补充。诗中描述的灾情全为亲眼所见，所抒发的感喟具有极强的感染力，充分表露出朱熹的恤民思想。

朱熹在长涧源的恤民救灾办得有声有色，他的《杉木长涧源四首》给我们留下了非常形象的教材。

在两次救灾活动中，朱熹受到启发，救灾首先要防灾，就要藏粟待赈。第二年夏天，朱熹与刘如愚上书建宁知府王淮，请求每年敛散，易新以藏，储粟待赈，以备荒年。经过三年的实践，朱熹于乾道七年（1171

在五夫创建用于民间救灾赈放的五夫社仓。社仓建成后，仓廒储存盈满，从此春夏青黄不接之时赈放，冬秋偿清存放，变官仓（常平仓）赈粜为民仓（社仓）赈济，大利于民。这是一项为庶民谋利、防止他们遭受豪强地主高利贷剥削的经济大计。为此，朱熹在淳熙元年（1174）特地追写《建宁府崇安县五夫社仓记》，历述了社仓创建的始末。

朱熹在五夫竭力办理的这件"恤民"措施深得人心。社仓建成受益后，崇安县及建宁府境内各地也争相仿效，建阳、光泽、建宁、瓯宁（今福建建瓯）、顺昌等地都先后建社仓储粮赈灾，仅崇安就有17所。

这个体现"爱民虑远"儒家思想的恤民措施，当时虽被朱熹谦称为"出于法令之外"，但由于朱熹随后向皇帝积极奏请以法令推行，并在他后来任职的江东南康军、浙江诸地躬亲推广，遂由崇安五夫推向闽北及东南各地。五夫社仓建成十年后，淳熙八年十二月，朱熹在提举浙东常平茶盐公事任期内，因逢荒年，饥民遍野，饿殍遍地，遂奏事延和殿，向孝宗献策救灾。他列举在崇安五夫创办社仓之利，痛陈官仓之弊。孝宗褒奖他直书敢言，并立即派他赶办救灾大事。朱熹不负上望，当年尽缓灾情，使饥民无断炊之忧。第二年，南宋朝廷将朱熹呈请施行的《社仓法》"颁诏行予诸府各州"，进一步把这一项恤民措施推广到全国。自此，五夫社仓因为开救荒先河，被誉为"先儒经济盛迹"。

（本文作者为武夷山市史志研究室编审、武夷山朱子文化研究中心研究员）

朱子与崇安黄亭

陈国代

"黄亭"这个词语，多次出现在朱子《晦庵集》与《朱子语类》中，如"龟山过黄亭詹季鲁家""黄亭客舍""伏奉黄亭所赐教帖""却说黄亭共惘然""黄亭小市""刘侯与予率乡人行四十里受之黄亭步下""即报彼县般载来黄亭东岸，等候人来请贷也"等，粗略可见朱子与崇安黄亭关系的重要性。

一、黄亭的地理位置考略

由于崇安立县之前是建州建阳属地，当先从其源头说起。康熙三十二年（1693）所修《建宁府志》载：建阳本是建安桐乡地。汉建安十年（205），孙策遣贺齐讨上饶，分桐乡以益之，立建平县，属会稽南部。东晋太元中改为建阳。隋开皇九年（589）省入建安。唐武德四年（621）复置建阳，八年又省入建安。约在唐代贞观四年（630），润州人彭迁任左迁牛卫将军，率众来到建安县北乡温岭东岸潦口垦辟荒地90余处，形成较大居住点，取名新丰乡（今武夷山市吴屯、岚谷一带）。五代十国时期的闽永隆三年（941），朝廷准许彭汉奏请将建阳北部原设新丰乡升格为温岭镇。彭漠之子彭珰通经史，南唐时任建州兵马都监，仕至殿中监，于保大九年（951）平定闽国之乱后，上书奏请以温岭镇为崇安场①，取崇地安宁之义②，得到朝廷核准，仍属建阳。据嘉靖《建阳县志》载："至宋太宗淳化五年（994），始升

---

① 谢纯：《嘉靖建宁府志》卷之21，明嘉靖刻本，第903页。
② 武夷山市志编纂委员会：《武夷山市志·大事记》，中国统计出版社1994年版，第13页。

朱子与崇安黄亭

建溪之水自東北來者源出舞仙三堡山五十里導于武夷之九曲出與崇關之水合又三十里至黃亭而屏山潭溪之水會焉又二十里達將口而受芹谿之注又十里達河船而受九湖之注錦江

黃亭與屏山水合

建朱熹重修有

綠波亭 在浦城縣西南宋時建

畫屏贊并序 宋趙抃嘗令茲縣手植梅于後國後人立石刻清獻梅三字元縣尹彭好古構亭其上鐵笛亭 在武夷山中宋時建胡寅嘗與劉兼道遊此兼道更煩橫鐵笛吹亭善吹鐵笛有穿雲裂石之聲

與象山聽 在武夷山宋時建亭以黃名取義陸游詩未到名山夢已新千峯拔地玉嶙峋黃亭一夜風吹雨似與遊人洗俗塵

畫寒亭 在崇安縣東南宋建韓清獻梅亭

睦亭 在浦城縣北宋真德秀詩紅塵熱客那知此置赤腳青鞋遺址尚存

鳳凰臺 在鳳凰山宋太平興國中築

越王臺 越王山顛舊傳越王於此意自閒作記取睦親之義為名

吳興館 在府治宋時建

晞真館 在武夷山李

迎暉館 在浦城縣治皇華館 宋時改建

崇安场为县,自黄亭分界,夹于两县之间,至今呼黄亭地对面为故县。"①故县——固县,就是指建阳,即唐垂拱四年(688)复置建阳,县治所设地点名叫故县——固县,即嘉靖《建阳县志》所言"今建忠里保太寺基即县治也"。而崇安县县署所在地设在营岭(现今武夷山市城区核心区),至道年间建造县署。而"黄亭地对面为故县"者,也就是"故县"是指旧建阳县,地点位于现今与武夷山市兴田镇相邻的建阳区将口镇所辖的"固县村"。固县是个小村,因与黄亭——兴田隔崇溪相望,当地人曾把"固县"叫"过溪"②,在其周围还有"过溪上村"和"过溪下村",未尝想离汉武帝派军烧毁的闽越王城——古汉城遗址不远的小村庄曾是建阳县衙所在地。

崇安县刚成立时,不具备纵横百里规模。降至咸平五年(998),朝廷批准将建阳之上梅、下梅、会仙、周村、将村、黄村等六个里析出归入崇安县。元丰五年(1082)又析出建阳之五夫、从政、籍溪、建平、丰阳、节和、长平等七里入崇安县。虽然由建阳属地分割为建阳与崇安,崇安地界扩大,但两县以黄亭为分界③没有改变。也可以说,建安县地分出建阳,建阳县地又分出崇安,但黄亭所在位置不变。行政单位崇安县,在宋、元、明、清、民国时期一直使用,直到1989年8月21日,经国务院批准撤销崇安县,设立武夷山市,辖原崇安县的行政区域。而2014年5月2日,国务院批准撤销县级建阳市,设立南平市建阳区,以原建阳市的行政区域为建阳区的行政区域。武夷山市与建阳区仍以黄亭为分界,由此看出夹于建阳与武夷山两地之间的黄亭,地理位置比较特殊,具有地理性标志的意义。

二、黄亭与兴田的沿革变化

前面讲"黄亭",又出现"兴田",与当地方言发音有关,如1980年由崇安县兴田公社整理的"兴田人民公社概况"中就有"兴田又名黄亭(方

---

① 冯继科:《嘉靖建阳县志》,明嘉靖刻本,第16页。
② 福建省建阳县地名办公室编:《建阳县地名录》(内部资料),1981年,第22页。
③ 张琦、邹山:《康熙建宁府志》卷2《沿革》,南平地区地方志编纂委员会整理,1993年,第16页。

言音），旧属丰阳里"之说，即以"兴田"与"黄亭"相近而来，故文献中常常互见。但在地名使用上，黄亭要比兴田早得多，如今当地百姓仍然是"兴田""黄亭"两个地名通用。如今武夷山市南部的兴田镇的前身就是黄亭。

从《弘治八闽通志》记载来看：黄亭与南宋吴楫所建的风泉亭、朱熹所建的昼寒亭、清湍亭、野鹤亭以及刘琪所建的铁笛亭并提[①]，黄亭是一座亭子。而《建宁府志》记载："黄亭，在丰阳里。宋建。亭以黄名，取土尅水之义。"[②] 但也少不了水丰土沃的含义。宋时在丰阳里建有一座黄色的亭子，特别引人注意，逐渐演化出与黄亭关联的黄亭驿、黄亭村、黄亭市、黄亭街、黄亭桥等人文景观，如《嘉靖建宁府志》记载："黄亭桥，在黄亭市中，宋时建；太平桥，在黄亭镇，覆屋二十楹。"[③] 人们便在丰阳里黄亭设市场交易，形成集镇，在黄亭镇的溪流上建有一座相当大规模的廊桥——太平桥。

据有关资料："丰阳里建有黄亭驿，所以村又以驿名，称黄亭市、黄亭街。元代立巡检镇，明置巡检司，设镇。嘉靖年间将兴田水驿迁此，命名为兴田，沿袭至清朝。"元代诸县设"巡检司，秩九品，巡检一员"[④]。配若干弓手，主要负责地方治安问题。《清史稿》提到建宁府崇安县黄亭设镇，即"崇安，冲，繁，府西北二百四十里。……镇二：温岭、黄亭。五夫里巡司，兴田、裴村、大安三驿。"[⑤] 黄亭设镇，可见其地理位置重要。1949年新中国成立后，兴田为崇安县第三区，1958年9月命名为卫星公社，1960年改称兴田公社，1984年改称兴田乡，1990年设为兴田镇，如今"兴田镇是福建省南平市武夷山市下辖镇"，是个千年古镇。

有资料说黄亭离崇安县城七十里，而经行崇安的陆游说黄亭"去武夷

---

① 陈道：《弘治八闽通志》卷73，明弘治刻本，第2033页。
② 程应熊、姚文燮：《康熙建宁府志》卷47，清康熙五年钞本，第1657页。
③ 谢纯：《嘉靖建宁府志》卷9《津梁》，明嘉靖刻本，第294页。
④ 宋濂等：《元史》卷91《志第四十一上》，中华书局2000年版，第1539页。
⑤ 赵尔巽：《清史稿》卷29，民国十七年清史馆铅印本，第1482页。

四十里"①，此"武夷"是崇安县南的武夷山风景区。如今的兴田镇所在地兴田村，距武夷山市城关39公里。兴田镇东南与建阳区将口乡接壤，西与武夷山市星村镇毗邻，北与武夷街道办、上梅乡交界，境内地势较为平缓，山川秀美，水系发达，土地肥沃，物产丰富，适合人类繁衍生息。

三、黄亭驿的水陆交通功能

在古代，崇安县为入闽孔道，境内主要交通线上，从闽赣交界分水关至黄亭之间设有大安驿、裴村公馆、黄亭驿（兴田驿）。大安驿，或称大安马驿，在县北石雄里大安街，去县五十里，宋达元因之，明洪武元年重建。马八匹，驴五头，夫各称是步夫一百名。今废。兴田驿，旧称黄亭驿，在县南丰阳里黄亭街，去县七十里。先是驿在兴田，以地不利牧养，遂迁于此。明洪武元年（1368），驿丞张克修重建，今毁，址存②。兴田水驿，在丰阳里之黄亭街，去县七十里。初，驿在兴田，以地不利牧养，遂迁今所。……额设船十，令夫百名，驴五头，马五匹，夫各五名，步夫四十名③。多数人认为黄亭驿可能先是设在黄土村一带，如《嘉庆崇安县志》称兴田驿站由黄土、黄村迁移到兴田者，以地不利牧养，遂迁到东南方的黄亭（兴田），于是兴田驿与兴田水驿合二为一。现今在兴田镇到黄土村之间，有个村名马埠头者，应当与黄亭驿直接有关。

古代人们习惯称崇安县城至黄亭的水域流段为大溪，即崇溪，实同《武夷山市志》"武夷山市政区图"中市区到兴田镇流段称"崇阳溪"，汇纳了全市九个乡镇的诸多小溪流。在《清史》卷70《志》四十五记载："崇溪二源：东溪出东北石臼里。汇岑阳、寮竹诸山水，西南，左合小浑溪，右浴水溪、岚溪、新丰溪，至大浑里，右合大潦溪，又西南至林渡；西溪出西北分水岭，会大安源、双溪，又东，左合温林、观音二寨水来会，是为崇溪。又南过押衙洲，分流复合，迳城东，右合黄龙溪。又南，左合梅溪，迤西右合九曲溪，屈南至黄庭（亭），右合黄石溪及籍溪，又东南入建阳，为北溪。"崇溪下游进入建阳境内，整条大溪则称"崇阳

---

① 陆游：《剑南诗稿》，景印文渊阁四库全书本，1987年，第1162册，第194页。
② 程应熊、姚文燮：《康熙建宁府志》卷6，清康熙五年钞本，第191页。
③ 谢纯：《嘉靖建宁府志》卷8，明嘉靖刻本，第263页。

溪"。崇阳溪再流经建安、延平会合诸流，称建溪。建溪与富屯溪和沙溪，汇合成闽江，流入东海。

黄亭有大溪，便于运输，便设黄亭埠。民国《崇安新县志》记载："曾有舟楫十二艘、竹筏八张、卒百人、马八匹、驴五匹、担夫二十人、轿兜十五乘、嵩夫三十人。"如此，黄亭埠——船运码头承载装卸运输粮食、盐铁、特产的任务。而黄亭驿设有递铺，如明代"崇安县急递铺十五，黄亭铺其一也"。急递铺，与驿站成为一体，又承担起邮政传递、接待过往客人的任务。

在古代交通不太便利的条件下，人们外出，从八闽首府福州→延平→建州（建宁府）→建阳→崇安→分水关→江西地界，是要经过黄亭的。同样，由分水关进入福建的闽北、闽东、闽中，基本上也是要经过黄亭。也就是黄亭处于水陆交通要道，既在出闽孔道上，又有一条崇溪，可以开展水陆交通运输业务，便于物质互通有无，也方便人员往来。南宋以后，崇安县经济逐步繁荣，贸易日趋兴盛。从明代《闽部疏》记载"凡福之绸丝，漳之纱绢，泉之蓝靛，福漳之桔，福兴之荔枝，泉漳之糖，顺昌之纸，无日不走分水关及浦城下关，下东吴如流水"，以及崇安大量茶叶通过建溪和闽江运输出口海外来看，黄亭应当承担大量运输任务，具有区域发展优势性。

四、朱子在黄亭留下许多踪迹

朱子从南宋绍兴十三年（1143）至绍熙二年（1192）居住在福建路建宁府崇安县开耀乡五夫里府前村紫阳楼。黄亭到五夫的路程为四十里，朝廷给朱熹的诰命、敕命、指挥的重要文书，一般先到建宁府或福建转运司，再由地方政府派员送达，其间也要通过黄亭驿。朱熹十四岁被托孤五夫，其后南下建阳、建安、福州、泉州、漳州等，西走邵武等，多必经行黄亭，留下踪迹。而与朱熹关系密切的龚茂良、林光朝、傅自得等人，都与黄亭有关联。

隆兴元年（1163）五月，朱熹祠秩满，复请祠。十一日，莆田籍官员龚茂良（1109—1178）入朝任秘书省正字，北上与朱熹相见于黄亭，两人倾心论政。淳熙元年（1174）十一月戊戌，"以礼部侍郎龚茂良参知政事"。淳熙四年四月乙亥，"参知政事龚茂良以曾觌从骑不避道，杖之。戊寅，上奏乞罢政，不许"。曾觌恃宠骄横干政，必然要向孝宗告状，于是"六月丁丑，龚茂良罢。己卯，以王淮参知政事。"①朱熹听说龚茂良罢政，于六月二十九日致信通问："熹窃伏田里，仰依大造，自顷拜勅奉祠，以书陈谢之后，无故不敢辄通笺敬，以犯等威，区区第切瞻仰。兹者窃闻还政宰路，归荣故乡，行道之难，不无私叹。然意者必得参候车尘，瞻望颜色，以慰积年引领之怀，而卧病田间，偶失侦伺，遂乖始愿，尤剧惘然。独念顷岁黄亭客舍拜违左右，屈指于今十有五年。其间事变反复，何所不有？而其不如人意，使人悒悒不能无遗恨者，则已多矣。忧患之余，衰病零落，虽已无复当世之念，然私所幸愿，犹冀天启圣心，日新厥德，公道庶几其复可行乎。明公强食自爱，应之于后，以遂初心，则海内幸甚。暑行良苦，引首驰情。"②淳熙四年（1177）七月"癸丑，龚茂良责授宁远军节度副使、英州安置"。也就是在回乡的途中就被处分了，并在淳熙五年闰六月壬寅卒于英州。

朱子笔下的"黄亭客舍"，即崇安县丰阳里黄亭驿"客舍"——通常所说的旅馆。

乾道五年（1169）七月上旬，莆田林光朝（1114—1178）应诏入朝试馆职，北上过黄亭，未能与朱熹相见，留下一份书信。林光朝信件乃通过邮递方式寄给朱熹。朱熹收到书信，于七月二十六日回信说："兹承祗召还朝，不获为问以候行李。伏奉黄亭所赐教帖，恭审执御在行神相，起居万福，感慰之至。比日伏想已遂对扬，从容启沃，必有以发明道学之要，切中当世之病者，恨未得闻。"③林光朝任秘书省正字，兼国史编修、实录检讨官，有《与朱编修元晦》论事："前此数得来书，祝耕老有五夫便人去，令来取书，因循如许，言之愧甚。去年过黄亭，只相隔得三二日，所欲道者亦何数，唯耿耿。比承除书之下，此在公论，以为太迟，不知贤者出处自有时。直道之信，善类增气。见教恭而安数语，乃是从根株上说过来。别后对此，如一对面语，但所谓与虞仲达及此一节，更记忆不上。是

---

① 脱脱等：《宋史》卷34《本纪第三十四》，中华书局2017年版，第663页。
② 朱熹：《朱子全书·晦庵先生朱文公文集》卷25《与龚参政书二》，上海古籍出版社、安徽教育出版社2002年版，第1131页。
③ 朱熹：《朱子全书·晦庵先生朱文公文集》卷38《答林谦之（光朝）》，上海古籍出版社、安徽教育出版社2002年版，第1698页。

朱子与崇安黄亭

日说数件语,当不止此耳。林用中闻以馆舍处之,得质正所闻,而求所未闻,甚善。"① 朱子和林光朝笔下的"黄亭",皆是崇安县丰阳里黄亭驿。

淳熙元年(1174)四月八日,朱熹与傅自得(1116—1183)相见于黄亭,有诗为证:"常记桐城廿载前,几回风雨对床眠。他年空忆今年事,却说黄亭共悯然。"② 傅自得于绍兴十二年(1142)在福州向朱松讨教诗学,便于朱熹结识。朱熹任同安主簿期间,与傅自得交往密切。傅自得于淳熙元年改知建宁府,秋天大旱,邀请朱熹前来讨论赈济事宜,朱熹献切实可行之赈济之法,稳定了浦城为守侯所窘的局势,又劾治建阳科敛之烦扰。

朱子多次讲到黄亭埠与运粮救灾之事。如朱熹于淳熙元年五月初一作《建宁府崇安县五夫社仓记》:"乾道戊子,春夏之交,建人大饥。予居崇安之开耀乡,知县事诸葛侯廷瑞以书来,属予及其乡之耆艾左朝奉郎刘侯如愚,曰:'民饥矣,盍为劝豪民发藏粟,下其直以振之?'刘侯与予奉书从事,里人方幸以不饥。俄而盗发浦城,距境不二十里,人情大震,藏粟亦且竭。刘侯与予忧之,不知所出,则以书请于县于府。时敷文阁待制信安徐公嚞知府事,即日命有司以船粟六百斛溯溪以来,刘侯与予率乡人行四十里受之黄亭步下。归,籍民口大小仰食者若干人,以率受粟,民得遂无饥乱以死,无不悦喜欢呼,声动旁邑,于是浦城之盗无复随和而束手就擒矣。"③

朱子说的"黄亭步下"之"步",古义同"埠",本意为停船的码头,即江河沿岸及港湾内供停靠船舶、上下旅客和装卸货物的建筑,如"船已抵埠",即泊船埠头,故埠多用于地名,引申指有码头的城镇,又特指商埠。"黄亭步"实际上就是"黄亭埠"的另一种书写法。这就是朱熹向建宁府报告灾情,请求太守准许借粮,得到批准借粮六百石,太守命有司逆建溪航运到黄亭埠,朱熹和刘如愚率乡民再运到五夫,按实际缺食情况进

---

① 李清馥:《闽中理学渊源考》卷8《文节林艾轩先生光朝学派》,徐公喜等点校本,凤凰出版社2011年版,第129页。
② 朱熹:《朱子全书·晦庵先生朱文公文集》卷3《次韵傅丈武夷道中五绝句》,上海古籍出版社、安徽教育出版社2002年版,第319页。
③ 朱熹:《朱子全书·晦庵先生朱文公文集》卷77《建宁府崇安县五夫社仓记》,上海古籍出版社、安徽教育出版社2002年版,第3720页。

行救灾。

淳熙元年（1174）九月下旬，朱熹给建宁太守傅自得的书信中谈到灾伤时期要厉行节约的问题："熹窃以秋冬之交，寒气未应，恭惟某官台候起居万福。熹比津建阳，凡两拜问，必皆已呈彻矣。拜远诲益，忽已累日，追思馆遇劳贶之宠，已剧愧荷。至于连榻奉教，又皆润泽忠厚老成人之言，感发多矣，幸甚。熹昨日已至山间，弛担两日，又当南下。然旱久水涩，更须数日乃可抵城下也。归途访问田亩，丰俭相补，计已未至甚亏常数。但备御之策不可不讲，而知旧往往见尤，不能深陈糜谷之害。且云未论醖酿所耗，只今造䊲，崇安郭内度费万斛，黄亭小市亦当半之，而乡村所损，又未在数。与其运于他州，有风波之虞，舟楫之费，曷若坐完此谷了，无事而百全也！万斛之䊲，将来所糜秫米又当以数万计。若能果如前日收籴秫米之说，所完亦岂及此？闻邵武已行此令，彼以蕞尔小邦，尚能行之，岂堂堂使台大府之力而反不能乎？到家得浦城知友书，亦颇及此。今谨纳呈，愿高明更与杨丈熟计之也。但恐已缓不及事耳。此人姓张名体仁，好学有志佳士也，似亦与景仁昆弟同年。前此因垂问人，亦尝及之矣。"① 其中"黄亭小市"就是黄亭有市场交易所。即前面引志书所称"黄亭市"，皆与此有关。

庆元三年（1197）九月，已经居住在建阳县三桂里考亭村的朱熹因事回到五夫，给同窗好友黄铢的信中说："所说赈贷事，想已蒙留念矣。今日复有数人来，云是六十二都人户，不知与昨日状子是同都否？不免并烦契勘，令社首保正等人结保具状来请。恐亦只有三百来石，势亦不能广及也。社首辈或自呼唤不得，今一书至伯起，托其唤集，幸为付此辈自持去。又恐去建阳远，俟见人数，即报彼县般载来黄亭东岸，等候人来请贷也。老兄闲中无事，不合相扰，然想闵此疲民，不惮少劳也。"② 朱子笔下的"黄亭东岸"，应当是黄亭埠对岸码头，可以泊船卸载粮食。

可见朱子与黄亭水陆两驿的关系。

---

① 朱熹：《朱子全书·晦庵先生朱文公文集》卷25《与建宁傅守札子》，上海古籍出版社、安徽教育出版社2002年版，第1119页。

② 朱熹：《朱子全书·晦庵先生朱文公文集·续集》卷7《答黄子厚书》，上海古籍出版社、安徽教育出版社2002年版，第4771页。

五、黄亭的有关人文景观

朱子与两宋名流李纲、杨时、陆游、龚茂良、李侗、吕祖谦、何镐等人具有内在关系，都曾在黄亭驿歇脚过夜。

朱熹于淳熙十年（1183）十月十五日作《丞相李公奏议后序》。"丞相李公"即李纲（1083—1140），是抗金名相，民族英雄，写有不少爱国篇章。北宋政和二年（1112）进士，累官迁起居郎。宣和元年（1119），京师大水，纲上疏言阴气太盛，当以盗贼外患为忧。朝廷恶其言，谪监南剑州沙县税务。当年十一月入闽到任，次年六月复承事郎，十月"复本等差遣"，回京路上，又经过黄亭驿，留下《题黄亭驿》这首诗："云山一带碧崔嵬，迎我南迁又北回。岁籥才周两经历，此行端为武夷来。"① 后来李纲立朝，奏议都是"正大明白""守一说"者，得到朱熹的充分肯定。

朱子广交天下名流，从学者遍及天下，四川涪陵人夒渊（字亚夫）于绍熙四年（1193）在考亭受学，听朱子讲《易》时提到理学家杨时的一段讲学趣事："龟山过黄亭詹季鲁家。季鲁问《易》。龟山取一张纸画个圈子，用墨涂其半，云：'这便是《易》。'此说极好。《易》只是一阴一阳，做出许多般样。"② 这个故事，勾勒出理学名家在黄亭讲学图。

朱熹的好朋友陆游（1125—1210），是南宋著名诗人，曾由分水关入闽为官，在黄亭驿过夜，有《初入武夷》诗："未到名山梦已新，千峰拔地玉嶙峋。黄亭一夜风吹雨，似与游人洗俗尘。"后来卸任北回，过信州铅山县紫溪驿，作诗二首，其中有"云外丹青万仞梯，木阴合处子规啼。嘉陵栈道吾能说，略似黄亭到紫溪"。其诗两提崇安黄亭。朱熹的同道友人吕祖谦（1137—1181），是著名理学家，有《何叔京挽章二首》："濮州以谏死，何氏得其真。天下中庸义，人间父子亲。再传犹易简，小出复逡巡。埋骨虽南土，倾心向北辰。//倾盖黄亭夜，翛然涧壑姿。倚天唯直干，到地绝旁枝。矗矗今何许？悠悠只自知。寒碑卧风雨，千载有深期。"其中"倾盖黄亭夜"的时间是在淳熙二年五月十六日离开寒泉精舍之后。当年三月，吕祖谦偕潘景愈离开婺州东阳，赴闽到崇安县五夫里访朱熹，游屏山下刘氏庄园、密庵、云谷、百丈山、芦峰等，参观五夫社仓。当年

---

① 李纲：《李纲全集》卷13《诗九》，岳麓书社，2004年版，第157页。
② 黎靖德：《朱子语类》卷65，中华书局1987年版，第1606页。

四月二十四日至建阳寒泉精舍，与朱熹合编《近思录》，之后倡议同往铅山鹅湖寺与陆九渊等人进行学术交流。吕祖谦、朱熹、何镐诸人途经黄亭，在黄亭客舍亲切交谈，留下美好印象。

因此，崇安黄亭，今之武夷山兴田，留下朱子文化遗迹，留下一笔文化遗产。

（本文作者为武夷学院朱子学研究中心副研究馆员、武夷山朱子文化研究中心研究员）

朱子与天湖

兰宗荣

人们常常把因湖面所处位置较高如同位于天上，称之为"天湖"。朱子诗文中多处提到天湖。有人说"天湖"在建阳，有人说在五夫，有人说在尤溪，莫衷一是。天湖到底在哪里？其地望是否可考？本文对这些问题做些探讨。

一、朱子歌咏天湖的诗

朱子《晦庵先生朱文公文集》涉及天湖的诗总共有6首。朱子天湖四乙丈坐间赏梅写下《送刘充甫平甫如豫章》诗云：

> 竹外横枝老屈盘，冰壶遥夜玉窗寒。两公明日江南路，雪后园林子细看。[1]

首先，此诗写作背景中涉及的人物"四乙丈"即刘如愚。刘如愚（？—1175），字明远，崇安五夫里人，与堂侄刘玞同登高宗绍兴十二年（1142）进士。后来调浙江海盐县尉，因捕获海盗有功，改知古田县，历倅德庆府、新州，不久调赴行在审计院任职，官秩任满，最终任江西帅司参议官。刘如愚有才干，善于写文章，尤其喜欢吟咏诗歌，退休返乡，曾在天湖畔筑居，常常与朱子诗歌酬和。追溯朱子与刘如愚交往有以下事迹。一是隆兴二年（1164）十月二十万金兵渡淮南侵，战火再起。朱子与刘如愚游宋村，登梅岭，朱子有诗痛忧国事。《朱文公文集》卷二《奉陪判

---

[1] 《朱子全书》第20册，上海古籍出版社、安徽教育出版社2002年版，第356页。

籍溪流长（张栋华　摄）

朱子与天湖

院丈充父平父兄弟宿回向用知郡丈壁间旧题之韵》《感事再用回向壁间旧韵二首》《数日前与判院丈有宋村之约雪中有怀奉呈判院通判二丈》《登梅岭》《次韵判院丈雪意之作》《雪意》均是此次游宋村之作。判院丈即刘如愚，时其已由行在审计院任归。二是乾道四年（1168）岁饥，恰遇浦城农民起义，乡人嗷嗷待哺，遂同朱子奔告于官府，得赈济粮食，按日分给饥民。知府徐公任命有关部门发粟六百斛赈济，刘如愚率乡人到黄亭（今兴田镇）将粮食运归，并分配给乡村饥民免饥，浦城起义首领也被缉拿归案。这年冬天，有崇安乡民愿意将粮食偿还官府，徐知府准许将乡民偿还的粮食留在五夫里，于是朱熹、刘如愚就在五夫设立社仓，因此乡民在青黄不接时粮食得到保障。三是乾道五年六月昼寒亭建成，朱子又与刘如愚游五夫仙洲山，有诗吟唱。《朱文公文集》卷六《仙游新亭熹名以昼寒紫微张公为书其额判院刘丈乃出新句辄次高韵二首》《次昼寒韵》《次判院丈昼寒亭韵有怀平甫》《次判院丈清湍之什》，均作于此时。

其次，诗题中的"充甫"即"刘玭"，为刘子翼季子。据《五夫子里志》记载："刘玭，字充父，秘阁子翼公季子也，性本纯一，以儒学教授其乡。绍熙间举博士，监潭州南岳庙。上书陈八事谓涉内宫旁遂与宦者陈源等不合弃官去之，归武夷之湾，与詹渊、何大章号为三友，持相往来徜徉山水以自适焉。"[①] 隆兴元年（1163），朱子与刘玭游崇安瑞岩寺，有《奉陪彦集充父同游瑞岩谨次莆田使君留题之韵》《入瑞岩道间得四绝句呈彦集充父二兄》诸韵，感忧国事。另外，朱子曾在《百丈山记》中记载："与刘玭父、平父、吕叔敬、表弟徐周宾游之，既皆赋诗以纪其胜。"

再者，诗题中的"平甫"即"刘玶"，字平父（平甫），忠定公三子，过继屏山先生为子。据《五夫子里志稿》记载：绍兴间官从仕郎。陈俊卿、张栻称其才可用。刘玶遵父遗命，以祖母吕氏在堂，凡三上乞祠以终养。当屏山先生易箦时吁而叹之曰："余言老母行年六十有八，天不假我以年，不能终养，一大憾事。汝其代我竟力事之。"刘玶遂跪而受命，且泣曰："此儿事也，敢不勉之!"祖母吕氏老而多疾，独依依二十载，尽诚敬，罔不周。至时人称为"刘氏显孙"，果无负父命。平甫卒时，年四十八。朱子作《祭刘平父文》《从事郎监潭州南岳庙刘君（玶）墓志铭》以

---

① 《中国地方志集成·乡镇志专辑》第 33 册，上海书店出版社 1992 年版，第 248 页。

纪念。可见与刘玶同窗情深。刘玶娶同郡范氏直秘阁范如圭之女，育有六男七女。朱子与刘玶发展为儿女亲家关系。刘玶生子学文、学古、学博均与朱子交游甚密。朱子长女朱巽，约生于绍兴三十年（1160），嫁予刘玶的儿子刘学古。刘学古，字尚之，是刘玶次子。刘学古早年随朱子学习。淳熙年间以特奏释褐补官承务郎、迪功郎，任过泉州同安县主簿、广西临桂县令、静江府临桂县令等职。任官伊始，勤政爱民。邑有富民梁姓者兄弟争继成讼，七载未决，公集兄弟于庭，谆谆劝勉以大义，谓之兄弟感泣相让，而出民歌曰："七年讼，一日休。兄负愧，弟含羞。青天刘兮，青天刘。"闻村民民风勤朴，唯不知读书为何事。嗟曰："文教之不兴守土者之责……择其子弟俊秀者三十余人。月给膏伙延名师以调之。里人感其德为立生祠焉。"①

据有关朱子文献史料记载，乾道四年（1168）九月九日登高节这一天，朱子与友人游天湖，有诗唱酬。朱子《九日登天湖以菊花须插满头归分韵赋诗得归字》诗云：

去岁潇湘重九时，满城寒雨客思归。故山此日还佳节，黄菊清尊更晚晖。

短发无多休落帽，长风不断且吹衣。相看下视人寰小，只合从今老翠微。②

诗题中一个"登"字，可见天湖必然是在山之高处。朱子乾道三年曾访南轩于长沙故有此诗"去岁"的起句。也就是去年的重阳节时，诗人在范念德、林择之等陪同下，到长沙访张栻，当时满城寒雨，勾起了他的思乡情怀。今年重阳节却回到故里，与友人共度佳节，登山作诗、饮酒赏菊至晚霞满天。此情此景引发诗人无限遐思。诗人如今短发戴帽，便衣装束，形同百姓，极为旷达潇洒，自由自在。站在高山之巅，俯视人世，顿觉超然物外，飘飘欲仙，今后只合终老此山矣。

淳熙三年（1176）正月初五、六日，朱子与刘珪、刘子翔游天湖。朱

---

① 《中国地方志集成·乡镇志专辑》第33册，上海书店出版社1992年版，第241页。

② 《朱子全书》第20册，上海古籍出版社、安徽教育出版社2002年版，第408页。

朱子与天湖

子作《立春大雪邀刘圭甫诸兄游天湖三首》诸诗云：

> 同云被四野，寒气惨悲凉。回风一以定，密雪来飘扬。时当冬候穷，开岁五日疆。蓬巷无与适，陟此琼台冈。
>
> 宾友既追随，儿童亦携将。攀跻得冢顶，徙倚聊彷徨。俯视千里空，仰看万鹤翔。远迷乱峰翠，近失平林苍。
>
> 偃薄莹神骨，咀咽清肝肠。朗咏招隐作，悲吟黄竹章。古人不可见，来者谁能量。且复记兹日，他年亦难忘。[①]

刘子翔即刘韫之子，字彦集，也是朱子的妹夫，以刘韐荫补官邵武军户曹，有逸才，事母以孝闻。后退居先庐，徜徉潭溪，渔钓自乐，名居曰"七老寮"。刘子翔绰有父风，时人称刘韫为"吟龙"，称子翔为"词虎"，秩满不仕。

诗题中的"圭甫"（一作"父"）即刘珏之字。绍兴三十一年（1161）岁末，刘珏到五夫与朱子会集。刘珏是朱子的友人，"孝宗朝初为佥判，寻迁德化县令，与当道不合，弃官去之，隐于家，有园池亭榭之胜，以供啸咏。非其人有欲睹其丰采而不得者"[②]。

第三首"古人不可见"诗句，是指刘如愚已于淳熙二年去世，故此三诗充满悲凉的气氛。

淳熙五年七月，刘尧夫、廖德明、刘彦集、方士繇来访，朱子相偕游天湖，有诗吟唱。以"山水含清晖"分韵作诗吟唱。朱子的《秋日同廖子晦刘淳叟方伯休刘彦集登天湖下饮泉石轩以山水含清晖分韵赋诗得清字》诗云："闲居寡俦侣，掩关抱孤清。良友倏来止，旷然舒我情。矧此凉秋初，暑退裳衣轻。相与一携手，东山眇遐征。前穿林岭幽，俯瞰川原平。降集崖寺古，徘徊浊醪倾。长吟伐木篇，潜鳞亦相惊叹。愿结沮溺耦，穷年此岩耕"[③]。诗题中的刘淳叟是刘尧夫的字，抚州金溪人，淳熙二年

[①]《朱子全书》第20册，上海古籍出版社、安徽教育出版社2002年版，第425页。

[②]《中国地方志集成·乡镇志专辑》第33册，上海书店出版社1992年版，第248页。

[③]《朱子全书》第20册，上海古籍出版社、安徽教育出版社2002年版，第453页。

(1175)进士及第。方伯休即方士䌛,字伯谟,一字伯休,居邵武[①]。廖子晦是廖德明的字,号槎溪,南剑州顺昌人,乾道五年(1169)进士出身,官至吏部左选郎,《宋史》卷四百三十七有传,著有《春秋会要》等行世,参与编辑《朱子语录》。据《吕东莱文集》卷三《答朱元晦书》三十七:"刘淳叟旧从二陆学,今释褐还乡,专往求教,敢望不倦诲诱。盖往岁某为学官,与之游处甚久,见其有志而质美,士人中不易得也。"是书作于淳熙五年四月。《朱文公文集》卷三十四《答吕伯恭书》七云:"近两得子寿兄弟书,却有其弟子刘淳叟来访,盖非偶然也。"

二、天湖的地望考察

本文的"地望"即指地理位置。上文朱子诗中之天湖,有人说在建阳,有人说在尤溪,皆非也,实际上在五夫里。建阳和尤溪确实也有天湖。据记载:"天湖,朱文公母祝氏葬于天湖之阳"[②];又据明嘉靖《尤溪县志》载:天湖"水色绀碧,亢旱不竭,不知泉脉所自。湖中鱼鳖充仞,人不敢取,云有神凭焉。湖上有寺,今毁为墓。"朱子诗中的天湖是在崇安五夫里仙亭山下,而非建阳之天湖,更亦非尤溪的天湖。据《五夫子里志稿》记载:"仙亭山:下有天湖"[③]。另据《八闽通志》记载:"仙洲山山有两峰,一尖一方,山顶有棋坪石。旧传:尝有仙弈棋于此,樵者过而观之,及奕终而斧已空矣。因名'斧空石'。仙亭山旧传有仙居焉,下有天湖"[④]。仙洲山尖的山峰即是现今俗称的"凉伞岩"。另据记载:"天湖在县东五夫里仙亭山下。又丰阳里(下梅)竹湖山亦有天湖"[⑤]。朱子葬母之寒泉所汇之天湖,此湖在一小山丘上,登湖全无诗中"相看下视人寰小"之意境,绝非朱子诗中之天湖;朱子居五夫,且淳熙三年(1176)未见有朱

[①] 束景南:《朱熹年谱长编》,华东师范大学出版社2001年版,第602页。

[②] 黄仲昭:《弘治八闽通志》卷6《地理·山川·建宁府》,台湾生生书局1987年版,第332页。

[③] 《中国地方志集成·乡镇志专辑》第33册,上海书店出版社1992年版,第217页。

[④] 黄仲昭:《弘治八闽通志》卷6《地理·山川·建宁府》,台湾生生书局1987年版,第347页。

[⑤] 黄仲昭:《弘治八闽通志》卷6《地理·山川·建宁府》,台湾生生书局1987年版,第354页。

朱子与天湖

子回尤溪之记载；从游伴和旅游次数来看，刘圭甫等人都是五夫人，他们定然不会屡屡跋涉四五百里路到尤溪或一百多里到建阳去看天湖。因此笔者以为从朱子游伴和与天湖的距离来看，朱子与五夫诸友人所游之天湖在五夫仙亭山下当为确论，只可惜当年的仙亭山下的天湖的湖水今已干涸，古亭村所辖的湖泊目前唯有1958年建的古亭水库。

当然，朱子所写的一篇墓志文章中也确有两处在建阳的天湖。孝宗乾道六年（1170），朱子葬母于建阳崇泰里后山天湖之阳，名曰寒泉坞，于此地建寒泉精舍。朱子的《尚书吏部员外郎朱君孺人祝氏圹志》文中记载："先妣孺人祝氏徽州歙县人，其先为州大姓，父讳确，始业儒，有高行，娶同郡喻氏。以元符三年七月庚午生孺人，性仁厚端淑，年十有八归于我先君讳松字乔年姓朱氏。逮事舅姑孝谨笃至，有人所难能者，以先君校中祕书赐今号。及先君卒，熹年才十有四，孺人辛勤抚教，俾知所向。不幸既长而愚，不适世用，贫病困毙，人所不堪，而孺人处之怡然。乾道五年九月戊午卒，年七十。生三男，伯仲皆夭，熹其季也。尝为左迪功郎差充枢密院编修官；一女适右迪功郎长汀县主簿刘子翔；孙男塾、埜、在，女巽、兑皆幼。越明年正月癸酉，葬于建宁府建阳县后山天湖之阳，东北距先君白水之兆百里而远。不孝子熹号慕陨绝，敢窃记圹中如此。昊天罔极！呜呼痛哉！"乾道五年九月五日，朱子之母祝孺人卒，享年七十。朱子丁母忧，卜地未能免俗，十二月，往返建阳，请精于风水的蔡元定堪舆择葬地。他们用了几个月的时间选择墓地，最终于乾道六年春正月选定建阳崇泰里（今属莒口镇马伏良种场后）太平山天湖之阳"风顺地厚，形势拱揖，环抱无空阙"的寒泉坞。这时离祝孺人去世已四五个月了。

此处风景清幽，有一个天然湖泊，叫"天湖"，一年四季清泉不断。墓地前朝天湖，周围林木荫翳，又名寒泉林。朱子以此山水林泉伴先妣亡灵。墓为凤字形，坐北朝南，其冢为河卵石砌圆形，直径约2.1米。墓园占地面积约2000平方米。为了给母亲守孝，朱子屡屡辞官，曾于墓旁建了数间草堂，取名为"寒泉精舍"，每月朔日（初一），望日（十五）祭奠。因要居住墓侧，不能常在五夫授徒讲学，他便在寒泉精舍，接纳来学士子。据《黄勉斋集》载："（朱文公）丁母忧，学者听讲于墓庐"，如实地反映了朱子热心教育的感人情景。朱子在给蔡元定的信中曾提到过寒泉精舍："此只八九间，下寒泉十一二间，定望临顾也。"寒泉精舍的落成，标志着朱子生平一段重要的讲学,也是朱子创办的第一所书院,在此开始了隐居建阳莒口一带近十年的守孝著述生涯。"寒泉"一词出自《诗经》:"爰有寒泉,在浚之下。有子七人,母氏劳苦。"《凯风》诗序云:"七子能尽其孝道,以慰其母心。"寒泉,寓意掘地至泉,饮水思源,不忘母恩。故后世常以"寒泉"喻子孝其母。守墓期间,朱子与著名儒学家吕祖谦、蔡元定等先后合作编撰了《太极图说解》《西铭解》《论孟精义》《周易本义》等著作,并创立了《四书章句集注》的经学体系。朱子还参酌古今,定丧祭礼,又推之于冠婚,共为一编,写成《家礼》一书。同时,与吕祖谦合编《近思录》于此,淳熙二年(1175)成书。建阳本地的学者蔡元定、刘爚、刘炳、徐宋臣、范仲宣、徐周宾,邵武的何镐、范念德,建瓯的王光朝、李宗思,浦城的詹体仁等20多人皆来会讲论。原来寂静的寒泉坞顿时热闹起来。后来,其母被朝廷追封为"粤国夫人"。

  元季墓倾圮,朱子八世孙朱澍又复建,在墓堆后立墓碑:"朱文公母祝氏之墓"。20世纪30年代和70年代,墓地曾二度被埋于农地之下。1991年春,建阳县文物干部在文物调查中发现墓碑一方,上刻:"朱文公母祝氏之墓"八个楷体大字,碑高约1米,宽约0.37米,厚约0.1米,由建阳县博物馆收藏。1992年春,韩国朱子后裔捐资3000美元进行修缮。建阳县良种场还拨款修复了天湖。同年9月,建阳县人民政府批准将其列入第二批县级文特保护单位,并请专人看护。

  建阳与朱子有关的还有一处天湖,又称龙湖。朱子为亡子寻找墓地时发现,位于莒口镇社州村大同山(今名大金山)山势雄踞一方,周围绵亘四十里,气势磅礴。山旁侧立一悬崖,流泉奔泻,宛如瀑布。山顶平旷,有一平湖称之为"天湖",湖长二十丈,深不可测。天湖近旁,峰峦耸岩削翠,高百余丈,山岚薄雾飘拂其间,状如轻纱装点翠屏,故称之为画山。大同山有仙人床、仙人洞、龙井等旧迹。山中人迹罕至,云霭弥漫,多产灵草。大同峰对面为龙湖山,峰顶尖秀,景色特异。绍熙二年(1191)七月,朱子、蔡元定发现莒口金山村境内大同山,山形突兀,气势不凡。绍熙三年十一月,朱子选定葬朱塾于建阳县崇泰里大同山(今莒口镇社洲村大金山)北麓。朱塾(1153—1191),字受之,朱子长子,11岁时,朱子叫他跟随建阳学者陈明仲学《易》,尔后又师从建阳莒口的蔡元定。乾道九年(1173),年已21岁的朱塾受父之命,前往浙江婺州(今浙江金华）拜吕祖谦为师，并在金华娶金华名士潘叔度之女为妻。然而，天有不测风云，就在朱子61岁时的绍熙二年正月，朱塾却病逝于金华，年仅39岁。正在知漳州任上的朱子闻此噩耗，悲痛万分。晚年丧子的朱子辞官回归故里，特地为其嗣子写了《亡嗣子圹记》云："宋朱塾，字受之，其先徽州婺源人。大父，讳松，绍兴史官也；父熹，今为鸿庆祠官；母刘氏，聘士勉之之女。塾于绍兴癸酉七月丁酉生，绍熙辛亥正月癸酉卒，娶潘氏，生二男，长曰镇，次恩老，四女归、昭、接、满，镇、满皆夭。明年十有一月甲申葬大同北麓，上实天湖，其父为之志。呜呼痛哉！"①《朱子语类》卷八十九："先生殡其长子，诸生具香烛之奠。先生留寒泉殡所受吊，望见客至，必涕泣远接之；客去，必远送之。就寒泉庵西向殡。掘地深二尺，阔三四尺，内以火砖铺砌，用石灰重遍涂之，棺木及外用土砖夹砌。将下棺，以食五味奠亡人，次子以下皆哭拜。诸客拜奠，次子代亡人答拜。……先生葬长子丧仪：铭旌，埋铭，魂轿，柩止用紫盖。尽去繁文。埋铭石二片，各长四尺，阔一尺许，止记姓名岁月居里。刻讫，以字面相合，以铁束之，置于圹上。其圹用石，上盖厚一尺许，五六段横凑之，两旁及底五寸许。内外皆用石灰、杂炭末、细沙、黄泥筑之。"

葬子之后，朱子又多次登临此山，并建有书堂。庆元元年（1195），朱子攀登大同山，冒雨喜游龙湖，对山峰景致赞不绝口。他给蔡元定信中谈道："某昨日冒雨登龙湖，幸无它，但路滑狼狈耳！书堂高敞，远胜云谷、武夷，亦多容得人，他时尽可相聚也。"② 书堂早废，今存遗址。

朱塾墓历代时修时荒。明万历年间该墓重修，后渐荒圮。1994年夏，建阳县博物馆多番派员调查，终于在当地群众的指引下，找到该墓并在墓旁发现明万历年间朱子后裔朱泂所立墓碑一方。同年秋，旅居马来西亚朱子二十五世裔孙、马来西亚木材业巨子、世界朱氏联合会常务副会长朱祥南先生捐资进行大规模重修。朱塾墓的维修依宋代墓制，墓作风字形，河卵石砌圆形封土堆。墓园占地面积2000多平方米。工程于1995年春告成。建阳县博物馆常年聘请一名当地村民看护。墓园内立朱子《亡嗣子圹记》碑和朱杰人教授书《重修先祖受之公墓记》碑各一方。社洲村主干道原为

---

① 束景南：《朱熹年谱长编》，华东师范大学出版社2001年版，第1076页。
② 朱熹：《朱子全书·晦庵朱文公先生文集续集》卷2，上海古籍出版社、安徽教育出版社2002年版，第4695页。

沙土路，由于长期受雨水冲刷，晴天怪石裸露，雨天泥泞不堪，当地村民的生产、生活极为不便。朱祥南先生急村民所急，想村民所想，1995年12月又决定献资为村里铺设一条长800多米、宽4米的水泥路。该路命名为"通玉路"，通玉者，朱祥南先生椿萱尊讳之联缀，以寓不忘鞠育之意也。工程于1996年完工，1997年1月文公二十九世孙朱杰人教授又欣然于上海华东师范大学面壁斋撰写了碑记①。

三、"天湖"情结与朱子的风水观

综上所述，朱子诗中的"天湖"在五夫镇仙亭山下；朱子的《尚书吏部员外郎朱君孺人祝氏圹志》记载的"天湖"在建阳崇泰里后山寒泉坞（今建阳区莒口镇马伏良种场后）；朱子《亡嗣子圹记》中的"天湖"，又称"龙湖"，在建阳区莒口镇社州村大同峰（今名大金山）对面龙湖山。可见，朱子具有很深的"天湖"情结。

"天湖"其实反映了朱子的风水理念。风水是中国传统文化中为亡者墓穴或生者住所选择最佳地理环境的数术，目的是让先人遗骸，或生者自身得以禀受大自然的最佳生气，而获致家族的兴旺发达。朱子不仅精通《周易》占筮，而且在社会和个人生活中将这一思想加以应用。其目的当然是基于其"理气论"，如他的生死观认为逝者之"气"虽然已散，但并不会马上泯灭，其对子孙后代仍然具有深远的影响力。天地万物无非一气，个体必死的生命通过"气"的感通作用而汇入了家族生命繁衍生生不息而获得了相对长远的存在。祖先与子孙一气相传，良好的风水正是通过"气之交感"，将地理环境所含藏着的勃勃生机，影响祖先对后人的庇荫。朱子曾说："盖地理之法，譬如针灸自有一定之穴而不可有毫厘之差，使医者之施砭艾皆如今日台吏之定宅兆，则攻一穴而遍身皆创矣。"②他引伊川的话说："某窃谓程先生（伊川）所谓道路、窑井之类（指五患者不得不慎，须使异日不为道路，不为城郭，不为沟池，不为贵势所夺，不为耕犁所及），固不可不避，土色生物之美，固不可不择。然欲尽人子之心，则再求众山拱揖，水泉环绕，藏风聚气之地。"③朱子对风水的重视和实践

---

① 谢道华：《建阳朱子史迹维修与保护》，《武夷文化研究》2012年第4期。
② 《朱子全书》第20册，上海古籍出版社、安徽教育出版社2002年版，第732页。
③ 《朱子全书》第23册，上海古籍出版社、安徽教育出版社2002年版，第3038页。

程度远远超过当时的其他学者。朱子称赞他的弟子蔡元定在风水方面的专业学识。蔡元定对占卜和风水的观点对朱子也产生了很大的影响。也因为有了那样的理论引导,朱子曾两次迁移父亲朱松之墓,为母亲、妻子和自己到处寻找了藏风聚气的风水宝地。绍熙五年(1194),朱子被招进临安任为焕章阁待制兼侍讲。他上《孝宗山陵议状》专门建议安葬孝宗皇帝时应该讲究风水,认为孝宗陵墓的选址是关乎"垂裕后昆,永永无极"的国家大事。他说:"地之不吉,则必有水泉蝼蚁地风之属以贼其内,使其形神不安,而子孙亦有死之绝灭之忧。"[①] 时年64岁的朱子竟然通过如此重要的文书表达这么强烈的风水主张,将择阴宅风水,视为皇权能否代代相传之国家大事,可说是将其意义与价值皆推到极致了。

顺应风水规律就要做到人与自然的和谐,从而达到天人合一。其实质是人居的环境科学,通过环境选择,既反映孝道精神,又达到人与自然关系的和谐。因此朱子的"天湖"情结所反映的山水观有其现实的合理之处。现如今朱子相关的"天湖"也是后人凭吊朱子的重要旅游资源。五夫的"天湖"由于年代久远,其水虽已干涸,但随着旅游业的发展,宜加大力度把它恢复起来,自然能成为朱子文化旅游的一个新景点。

(本文作者为武夷学院旅游学院教授、武夷山朱子文化研究中心研究员)

---

① 《朱子全书》第20册,上海古籍出版社、安徽教育出版社2002年版,第729页。

朱子与仙洲山

姜东成

武夷山市五夫镇是中国历史文化名镇，这里不仅人文荟萃、风光秀丽而且物产丰富，2017年五夫镇成为福建省农业综合开发田园综合体建设首个国家级示范点。五夫镇位于武夷山市东南部，镇域面积175.75平方公里，被营盘山、屏山、仙洲山、笔架山、拱辰山、蟹坑等名山环抱，其中仙洲山上自然环境幽美而且古迹丰富，山中有密庵（仅存遗址），毗连的是拱辰山和开善寺。朱子定居五夫里潭溪畔紫阳楼50余年的生涯中，经常偕友攀登五夫域内的名山寻幽探胜，其间留下了大量朱子讲经论道诗歌唱酬的文化遗迹遗存。

仙洲山风景秀丽，瀑布如林，朱子当年经常带领门生挚友来到此处赋游，还修建了清湍、昼寒、意远三个亭子便于观瀑，留下了许多诗赋。

仙洲的解释是仙人聚居的水中陆地。前蜀·贯休《上顾大夫》诗："碧海漾仙洲，骊珠外无宝。"

据明嘉靖《建宁府志》记载，五夫里仙洲山：有两峰，一尖一方，下为密庵并永丰寺。山顶有棋盘石，又名斧空石。

朱子之所以喜爱偕友登游仙洲山，除了此处峰峦清幽之外，最重要的原因是这里有刘氏先贤的庐墓，他经常要来祭扫，而且有个佛法大师道谦禅师是密庵和开善寺的主持。

道谦禅师（1093—1152），据《五夫子里志稿》载，生于崇宁四年（1105），五夫游氏子。家世业儒。幼聪慧，读书辄成诵。早失恃怙。叹曰："为人子者，不及甘旨之养。当从浮屠氏，学出世法，以报罔极。"遂落发。道谦出家后，北游东都，先后问法于长灵守卓，圆悟克勤，无所省发，最后师从于大慧宗杲始得佛法。绍兴八年（1138），大慧宗杲禅师法嗣道谦禅师从杭州径山归隐仙洲密庵，于仙洲山密庵传法论禅，一时学徒门人甚众，

仙洲密庵遗址（姜东成　摄）

香火兴盛。

清道光《重纂福建通志》卷二六五《寺观·崇安》载：密庵，即报德庵，在（崇安）治东五夫里，宋胡寅命名，又匾其轩曰泉石庵，为邑之胜处，朱子及诸名人多题咏。据《八闽通志》记载："开善寺，五代唐同光初（923）建。"宋高宗建炎初年（1127），资政殿大学士——忠显公刘韐葬拱辰山南，皇帝把开善寺赐为功德院，改称"开善院"。据明版《刘氏家谱》载：刘韐殉国后，朝廷以报恩开善功德禅寺。以让后人追慕其功。又据《建州弘释录》记载："屏山先生刘子翚，尝修开善院。屡延名德主之。"

道谦禅师与五夫胡宪、刘子羽、刘子翚、刘勉之等交情甚密，经常相聚一堂谈禅论道，开善寺兴建之后刘子翚遂恭请道谦禅师主持寺里的法事，而使法筵大开，而鼎盛一时。道谦禅师不仅把径山"看话头"禅法带回了闽北，而且还带回了从圆悟克勤禅师一脉相承下来的"禅茶一味"思想，开善寺是闽北"看话禅"与"禅茶文化"的祖庭。

朱子来五夫依附诸贤后，拜识了道谦，开始接触佛老的思想。受道谦的影响，年轻聪颖的朱子结合当时时政，在乡试中以佛学思辨法写下的文章被主考官取中，而成为举人。

《朱子语类》卷一百零四载："某年十五六时，亦尝留心于此（佛禅）。一日在病翁（刘子翚）处所会一僧，与之语。却与刘说：某也理会得个'昭昭灵灵底'禅……遂去扣问他，见他说得也煞好。及去赴试时，便用他的意思去胡说。是时文字不似而今细密，由人粗说，试官为某说动了，遂得举。"文中所述表明朱子得以中举，受益于道谦的禅学。之后朱子融合佛家"月印万川"与理学"理一分殊"之思辨思想精华，为其构建理学打下坚实的基础。

绍兴十六年（1146），17岁的朱子此间频频往五夫开善寺，向道谦禅师问禅理；又与宗杲之徒道谦之师兄竹原庵宗元禅师讨教"释"学，受佛礼之性。绍兴二十年，已经中进士的朱子21岁。逢道谦禅师归密庵，朱子前往拜见，并久居寺中与道谦朝夕相处，咨释问禅。朱熹后来有文追忆曰："……往还之间，见师者三。见必款留，朝夕咨参，师亦喜我，为说禅病，我亦感师，恨不速登。"又有《游书昼寒以茂林修竹清流激湍分韵赋诗得竹字》：

"仙洲几千仞，下有云一谷。道人何年来，借地结茅屋。想应厌尘网，寄此媚幽独。架亭俯清湍，开径玩飞瀑。交游得名胜，还往有篇牍。杖履或鼎来，共此岩下宿。夜灯照奇语，晓策散游目。茗碗共甘寒，兰皋荐清馥。至今壁间字，来者必三读。再拜仰高山，悚然心神肃。我生虽已后，久此寄斋粥。孤兴屡呻吟，群游几追逐。十年落尘土，尚幸'不远复'。"

这里不仅对恩师刘子翚先生，授予"不远复"之遗训，而且铭记于心，深刻体会。

绍兴二十二年（1152），时朱子23岁，即将开始仕途生涯。这段时间他对佛经产生更大的兴趣，研读了大量禅经，又访密庵向道谦禅师问道，回味道谦禅师之语，穷味无尽，又有心得，曾作诗二首：

"夏景已逾半，林阳方澹然。鸣蝉咽余响，池荷竞化鲜。抱疴守穷庐，释志趣幽禅。即此穷日夕，宁为外务牵？云臻川谷暝，雨来林景清。斋舍无余事，凉气散烦缨。望山怀释侣，盥手阅仙经。谁怀出尘意，来此俱无营。"朱熹还向道谦学习禅定，他说："道谦言《大藏经》中言，禅子病脾时，只坐禅六七日，减食，便安。谦言渠曾病，坐得三四日便无事。"赞同道谦"坐禅"之说，以为养病之法。他认为："病中不宜思虑，凡百可且一切放下，专以存合养气为务；但跌跌静坐，目视鼻端，注心脐腹之下，久自温暖，即渐见功效矣。"（《答黄子耕》）强调心静，提倡"静坐"。朱子还将"静坐"推广到日常生活中，认为"读书闲暇且静坐，教他心平气定，见得道理渐次分晓"，"闭门静坐，不读书百余日，以收放心，却去读书，遂一览无遗"（《朱子语类辑略》卷2）。朱子强调通过"静坐"修身养性，提高研读治学的能力。

这一年深刻影响了朱子的佛禅导师道谦禅师在仙洲山密庵圆寂。朱子悲痛凭吊之余，郑重为其撰写祭文：

"我昔从学，读《易》《语》《孟》。究观古人，之所以圣。既不自揆，欲造其风。道绝径塞，卒莫能通。下从长者，问所当务。皆告之言，要须契悟。开悟之说，不出於禅。我於是时，则愿学焉。师出仙洲，我寓潭上。一岭之间，但有瞻仰。丙寅之秋，师来拱辰。乃获从容，笑语日亲。一日焚香，请问此事，师则有言：决定不是。始知平生，浪自苦辛。去道日远，无所问津。未及一年，师以谤去。我以行役，不得安信。往还之间，见师者三。见必款留，朝夕咨参。师亦喜我，为说禅病。我亦感师，恨不速登。别其三月，中秋一书。已非手笔，知疾可虞。前日僧来，为欲往见。我喜作书,曰此良便。书已遣矣,仆夫逾言。同舟之人,告以讣传。我惊使呼,问以何故。於乎痛哉,保夺之聚!恭惟我师,具正遍知。惟我未悟,一莫能窥。挥金办供,泣於灵位。稽首如空,超诸一切!"

此篇祭文概述了朱子在仙洲山密庵向道谦禅师学佛论禅的经历及过程,体现了道谦禅师的禅悟对于朱子的影响,他回忆道:"时四旁皆无津涯,只自恁地硬着力去做,至今虽不足道,但当时也是吃了多少辛苦书。"朱子将道谦所赠《大慧语录》奉为至宝,尤焴在《题大慧语录》中说:"朱文公少年不乐读时文,因听一尊宿说禅,直指本心,遂悟昭昭灵灵一着。十八岁请举时从刘屏山,屏山意其必留心举业,暨搜其箧,只《大慧语录》一帙尔。"《大慧语录》成为朱子思想中的禅学因子,对其"语录"体创作也有帮助。他在复建白鹿洞书院,主持岳麓书院时,多运用"语录"进行教学,并亲自主持编辑《伊洛渊源录》。朱子在潜心研究"看话禅"的过程中,常通过书信与道谦探讨问题,《与开善道谦禅师书》说:"向蒙妙喜开示,应是从前记持文字,心识计较,不得置丝毫许在胸中,但以狗子话时提撕。愿受一语,警所不逮。"询问道谦如何学习宗杲禅学。朱时恩《居士分灯录》记载道谦答语:"某二十年不能到无疑之地,然忽知非勇猛直前,便是一刀两断,把这一念提撕狗子话头,不要商量,不要穿凿,不要去知见,不要强承当。"(《频伽大藏经续编》)强调学禅需要毅力,主张自然而然理解。朱子有所领悟,赋有一诗:

> 端居独无事,聊披释氏书。暂息尘累牵,超然与道居。
> 门掩竹林幽,禽鸣山雨余。了此无为法,身心同晏如。

闲时领悟"释氏书"中的奥妙,忘却尘事,修身养性。道谦的引导,为朱子打下扎实的禅学基础。

忆往昔
环山密林围大地,金椅坐佛普济民。
青松翠竹锦湖山,瞭望笔峰出能人。
大雄宝殿龙绕柱,丈大龙虎金字闪。
青铜观音一吨五,千年宝像天第一。
石人石马列门前,经书法宝积满堂。

厨房设置石缸盆，千秋万载用不完。

万有一空多富裕，只留古迹一线丝。

芳名世杰开善寺，募建古寺继来人。

20世纪六七十年代，有九位学养深厚的教书先生在此避世，收授了六位本乡弟子，此诗便是出自其中一位弟子之手，字字句句之间我们依稀可以想象直到近代所谓这座千年古刹的辉煌，现在有道济师父不远千里发佛门心愿复兴宏伟古寺之风采。2011年以来，在道济师父的弘扬下开善寺现已建成殿堂、斋堂、寮房、护法殿、山门等建筑。

道谦禅师是博学多才的一代宗师，现存世的著作有：《大慧普觉禅师宗门武库》一卷、《大慧禅师禅宗杂毒海》二卷、《答元晦书》（《居士分灯录》）、《出山相赞》《即心是佛颂》《捣阳道中示同行》《答陈知丞书》《心不是佛智不是道颂》《送人诗》《答吴十三道人偈》《颂古》（《嘉泰普灯录》）。

道谦禅师虽逝，但仙洲山却已然成了朱子在五夫乐山乐水的绝佳胜处。乾道五年（1169），时朱子40岁，恰逢五夫仙洲山"昼寒亭"建成，朱子与刘如愚等好友相约同游。《朱文公集》卷六《仙洲新亭熹名以昼寒，紫微张公为书其额，判院刘丈乃出新句，辄次高韵二首诗》云：

闻说藤萝外，神龙旧所蟠。劈开千丈峡，写尽一襟寒。

赏寄三杯酒，归投六尺竿。若无诗律好，清绝不成欢。

悄蒨非人境，寒蝉夏已稠。残阳崖素雪，午扇怯清秋。

共说新亭好，真堪妙墨留。赏心元不厌，仙梦肯来游？

不为功名利禄所惑的朱子，只寄情于山野，研读圣贤之书。

不久，高徒蔡元定又来五夫向朱子求教，施教之余，朱子再次带领众门生游仙洲山，宿密庵观瀑布，有诗云：

"胜友南窗底，看书老岁华。不因寒瀑响，肯到野僧家？古径开能久，新亭去岂赊。跻攀那可缓，寂寞有雄夸。"

《朱文公文集》卷六载：闻季通明德诸友入山以诗迎之仍请先往观瀑布；次观瀑布韵；和季通书寒韵；次韵谒忠显刘公（刘韐）墓下。

淳熙五年（1178），时朱子49岁。夏，朱子因发妻刘氏已逝，除著解经文之外，还独自教育照顾着儿女们，心力倍感憔悴，身体状况不佳，病了一场，弟子族人好不担心。好友吕祖谦得知后，专程修书信与朱子《吕东莱文集》卷三《答朱元晦书》云："……闻清湍度夏，想为况甚适。但或者传著述探索过苦，要须放令闲暇。从容为善……"信中关心他的健康状况，还提议朱子往五夫风水胜地——密庵消暑养性。收到好友的关心建议，朱子倍感温暖欣慰，于是暂放手中书卷，嘱咐儿女、弟子，准备次日赋游五夫密庵。

这日，天气晴爽，阳光明媚，一行人在朱子的带领下向仙洲山进发。入山后朱子还是按惯例地依次带儿女、众弟子等，依次拜祭了刘韐（忠显公）、恩师刘子翚（文靖公）与佛学导师道谦的茔塔。

到达密庵后，稍做休息，众人用完斋饭后，由朱子的带领之下，寻着那彻谷的瀑流之声，穿过浓郁的古树林，鱼贯而行，来到了昼寒亭。这里望去，雄壮的瀑流从高数丈的赤清瑞岩间咆泄而出，宛如一条洁白的玉龙，呼啸直下，撞击在岩谷的千仞壁底又飞溅开来，溅起了万千点的剔透水珠，好不壮观，伴随着"轰轰"的巨响震彻幽谷。掺和着绿叶与水气的芬芳气息弥漫着整个山谷，以至于把朱子、蔡元定、黄榦的衣服都润湿了些许。

这位饱经风霜的老儒，微倚昼寒亭的栏栅上再次想起了曾经在此与五夫的先儒胡宪、胡寅、刘子翚、刘子羽与道谦禅师等赋游于斯，谈经论道，又唇枪舌剑；而今却都已悄然仙逝，这些激动人心的场景却又悠然如昨，怎不让人感怀、缅思。

"恩师，你看这巍伟的瀑布，精美的昼寒亭多么令人心旷神怡，如此良辰美景弟子却才疏学浅，难抒胸臆，斗胆请师尊乘兴赋诗，也好让弟子们聆听教诲……"

聪明机敏的高足蔡元定，牢记吕祖谦的叮嘱，陪伴恩师朱熹此番来密庵只为修身养性，不可让他再劳心神，他见老师朱熹略有些分心便主动提出建议。

"季通过谦了！"朱子猛然地回过神来，发现众人都默然以待地望着他。他心领神会：是啊，自己虽身世坎坷，却得众多五夫贤士相抚，而今也儿女成行，高足相拥。连才华横溢的士子蔡元定、黄榦、林用中等，都投其门下。同样愤世嫉俗，同样怀抱高山流水，同样寄身于物理人伦。人生得众多知己还有什么可遗憾呢！

只见朱子轻挥青袖，面对清湍岩瀑布微笑吟赋道："不信高怀与世殊，清游试问与谁俱。相将静听潺湲水，洗涤尘襟肯自污？"(《次季通昼寒亭韵二首》)。一切尘俗的纷纷扰扰，怎能玷污我的胸襟？就姑且让这清洁瀑流涤荡而去吧！略加思量又云："山行前后有光辉，扑扑浮岚翠染衣。直到仙洲奇绝处，昼寒亭下玉龙飞。"

看着尊师兴致勃勃，士子们都无不释怀畅游，有幽谷探兰的；有涧下捉蟹的；有高声唱词的……一时间静谧许久的仙洲山热闹起来，幽谷中回荡着超凡脱俗的儒雅之音。

暇余，众人漫游至清湍亭。朱熹携蔡元定、黄榦、方士繇等坐在了亭边的一块平坦的大青石上。弟子们从携囊中取出了带来朱子此行可谓久别了的畅怀快慰，又有好酒助兴，朱子再乘兴而赋诗。《朱文公集》卷六载《游密庵分赋诗得绝字，次宿密庵，游密庵，次季通昼寒亭二首》：

我行得佳友，胜日寻名山。春山既妍秀，清溪亦潺湲。行行造禅扉，小憩腰脚顽。穷探意未已，理策重跻攀。入谷翳蒙密，俯涧随泓湾。谁将百尺绡，挂此长林间。雄声殷地厚，洪源泻天悭。伟哉奇物观，偿此一日闲。所恨境过清，悄怆暮当还。顾步三叹息，人生何苦艰。

《饮清湍亭石上小醉再登昼寒，次韵清湍亭二首》：

万壑争流处，千年树石幽。危亭因我作，胜日为君留。酒笑红裙醉，诗惭杂佩酬。尚嫌心境窄，更约九垓游。

这次虽在密庵宿养了累月，勤劳的朱子并没有辍笔，在密庵中修改《诗集传》，重修订了《通鉴纲目》，又补修了《近思录》等。

时光荏苒，朱子先生入五夫定居已878年矣，在他身后是一座让后世敬仰并无法超越的不朽丰碑。开善寺已经重建，密庵仅剩遗址，仙洲山这里依然缭绕着当年朱子和名仕们诗歌吟唱的余音，当你有幸卧游于此一定可以听到山水间传送而来的如诗般的国风之声。

（本文作者为五夫里朱子文化研究中心主任、武夷山朱子文化研究中心研究员）

朱子与岩骨花香慢游道

黄胜科

武夷山风景区的水帘洞—流香涧—大红袍景区是受东西或南北断裂构造控制和水流强烈切割而发育形成的丹霞地貌区。这里山谷深邃，峰岩峭立，溪流纵横，山泉飞泻……章堂涧、倒水坑——牛栏坑、九龙窠——大坑口、清凉峡——流香涧，武夷山风景区内最主要三纵一横的涧谷都分布在这里，主要景观有章堂涧、燕子峰、水帘洞、丹霞嶂、鹰嘴岩、慧苑寺、流香涧、玉柱峰、大红袍母树、九龙窠、天心永乐禅寺等。厚重的茶文化是这条旅游线路的突出特色，是全国茶人们追捧的网红茶道，因而被称为"岩骨花香漫游道"。

其实，这条旅游线路也是研学、瞻仰、探寻朱子文化的理学圣道。在这条线路上，不仅可看到历经沧桑的茶厂遗址、依岩而建的新旧茶园、生机盎然的茶树名丛，瞻仰生长在悬崖峭壁上的武夷"茶王"大红袍，还可以看到不少关于朱子的文化遗存，听到不少关于朱子的遗闻轶事。

溯章堂涧西行约 1 公里，再拾阶北上约 500 米，即达水帘洞。水帘洞内有一座木构建筑，名三贤祠，以纪念南宋理学家刘子翚、刘甫及朱熹在此授徒、讲学，几经修葺，现存建筑为清代重建。祠中堂匾"百世如见"系朱熹手迹。

南宋绍兴十三年（1143）三月二十四日，朱熹的父亲朱松病重不治，在建安的环溪精舍溘然长逝。弥留之际，他写了一封信给崇安五夫里奉祠在家的好友刘子羽，将家事托付给他。又致书崇安三位道学密友籍溪胡宪（字原仲）、白水刘勉之（字致中）和屏山刘子翚（字彦冲），把 14 岁的朱熹托付他们教育。刘子羽不负好友重托，一边为朱松选择墓地，料理后事，

朱子与岩骨花香慢游道

岩骨花香慢游道（陈美中　摄）

一边在五夫刘氏庄园前修葺一座五间的瓦房供朱熹母子居住。绍兴十四年下半年，刘子羽将朱熹母子从建安接到五夫生活，并为他们提供一应生活用品。从此，朱熹在这里开始了受学于刘子翚、刘勉之和胡宪三先生的生活。

三先生中，对少年朱熹教诲最力、影响最深的老师当属刘子翚。朱熹在刘子翚去世前的四年多时里，主要追随刘子翚朝夕受教。除了刘子羽、刘子翚的刘氏家塾外，刘子翚还经常携朱熹等诸生到武夷山水帘洞造访老友刘甫，共商理学精义。"赤壁千寻晴拂雨，明珠万颗昼垂帘"的水帘洞，成为刘子翚为朱熹等人讲学的天然学堂。

水帘洞内倚石而建的三贤祠（王大鹏　摄）

刘甫字岳卿，崇安人。其父刘衡字兼道，为抗金名将，晚年弃官归隐，潜心学《易》，筑小隐堂于五曲茶洞，诗酒自娱。刘甫少年时随父在小隐堂受学。父亲逝世后他遵父"不入仕途"的遗愿，终身不仕，隐居水帘洞，筑岳卿书室读书著述以终老。

刘子翚携朱熹等高徒在水帘洞岳卿书室讲学时，曾在水帘洞借浴龙池中鱼跃水面的意境，讲解《中庸》第十二章"《诗》云：'鸢飞戾天，鱼跃于渊.'言其上下察也。君子之道,造端乎夫妇;及其至也,察乎天地。"朱熹对老师的精辟阐释心领神会,当即用手指蘸着茶水在桌上写下"鸢飞鱼跃"四个大字,把老师的教诲铭记在心。以后反复濡笔大书这四字,用以抒发圣贤之学无涯、求学之乐无穷的旨趣。后来,朱熹还亲笔题写著名楹联:"鸢飞月窟地,鱼跃海中天",表达一种追随大自然、空灵清澈的意境。

刘子翚逝世后,朱熹怀着悲痛的心情,经常到水帘洞探望老师的好友刘甫,与这位不求功利的世外之人共同怀念恩师。朱熹还经常偕同学友邀约刘甫一道出游,在畅游中求教于这位恩师的挚友。淳熙五年(1178年)八月,朱熹与妹夫刘子翔(字彦集)、弟子廖德明(字子晦)、刘尧夫(字纯叟)邀刘甫共同游九曲溪,在六曲响声岩上题刻记游。这幅题刻至今保存完好,成为武夷山现存较早的摩崖石刻之一。淳熙八年,朱熹和刘子翔、蔡元定等应刘甫的邀请,重到水帘洞论学游览,在水帘洞岩壁上题刻纪游:"刘岳卿、几叔招胡希圣、朱仲晦、梁文叔、吴茂实、蔡季通、冯作肃、陈君谟、饶廷老、任伯起来游,淳熙辛丑七月二十三日,仲晦书"(民国《崇安县新志》卷三),成为他们论学同游的记录,惜原题刻不知是风化还是湮没,至今尚没发现。

刘甫逝世时,朱熹悲痛万分,特作《哭岳卿》诗曰:"曾说幽栖地,君家近接连。欲携邀月酒,同棹钓溪船。遽尔悲闻笛,真成叹绝弦。林猿催老泪,为尔一潸然"(清董天工《武夷山志》卷十五)。这份情谊让人动容。刘甫辞世后,岳卿书室空虚,朱熹把它改建为二贤祠,设刘子翚、刘甫灵牌,并亲题"百世如见"四个大字,刻匾悬挂大堂。朱熹逝世后,邑人增其神位配祀,改名三贤祠。

三贤祠创建以来,刘氏宗族春秋祭祀,朱熹门人及生前好友亦常趋此凭吊。元初,元世祖为笼络汉人,首尊理学,此祠亦曾被重视。明代,三贤祠一度为僧道所占。景泰年间(1450—1456),贡生刘照重修并复为祠。清康熙年间,祠堂被泉州僧人景真占据擅开茶行。康熙四十八年(1709),福建巡抚张伯行下令饬禁,恢复奉祀刘子翚、刘甫、朱熹,并在水帘洞岩壁上镌刻禁令。此后虽几经圮毁,多次重修,旧貌未改。

清光绪八年(1882),曾任崇安游击的升用总兵、浙江象山协副将余宏亮故地重游。他来到水帘洞,见两股山泉自半天飞泻而下,山下浴龙池白浪翻腾，不仅想起朱熹的著名哲理诗《观书有感》："半亩方塘一鉴开，天光云影共徘徊。问渠那得清如许？为有源头活水来。"诗中朱熹以"半亩方塘"比喻书本，以"天光云影"喻书中蕴含的理趣，以"活水"比喻新的领悟，以"源头活水"比喻学无止境的知识等。此时此景正是朱熹诗中的意境：清澈的方塘像一面镜子，倒映着碧蓝的天空和悠闲自在的白云。塘水为什么会那样清澈呢？是因为有源头不断注入的活水。余宏亮心想朱熹当年或许正是受到此景的启发，浴龙池恰似学问载体的书本，而两股飞泉正是学问源头的活水，于是提笔书写高1.56米、宽1.2米的两个大字"活源"，请人摩刻在离地13米高的岩壁上。这方题刻寓意双关，既点出了水帘洞的景致，赞美水帘飞瀑有永不枯竭的源头，又启示人们：治学之道渊源于博大精深的朱子理学，勾起人们对朱子求学精神的追思，恰到好处。题刻至今还保存完好，成为水帘洞最大的一幅摩崖石刻。

民国时期，三贤祠再遭劫难，改建三教堂，祀孔子、老子、释迦。约在民国三十二年（1943），又恢复三贤祠。1999年，武夷山风景名胜区管委会再次对三贤祠进行修整。现存的三贤祠为木结构建筑，建筑宽5.6米，深4.1米，占地长27米，宽约12米，单层三间。中间一间供奉三尊塑像，

三贤祠（朱燕涛　摄）

中为刘子翚，左为刘甫，右为朱熹。匾曰"百世如见"，联曰"理穷诸史道溯洙泗，学冠全经教渊二程"，均为集朱子墨宝而成。祠左岩壁上，清康熙四十八年官府保护三贤祠的饬禁题刻仍保存完好。

出水帘洞沿章堂涧西行，过燕子峰、丹霞嶂、鹰嘴岩，见章堂涧北岸绿树翠竹掩映之中有两幢砖木结构建筑，这就是始建于宋初的慧苑寺，又名法华寺。慧苑寺是佛教禅寺，正殿弥漫着佛家氛围，而寺院内部别致精巧，民居院落布局，门厅、柱联是儒家风格，经阁则含有道家韵味，外墙又画着道教的八卦图，是武夷山儒、释、道三教合一的历史见证。

慧苑寺处在岩骨花香漫游道的中间，恰是景区的中心，其大殿外的一副对联"涧绕流香心洗涤，峰擎玉柱佛庄严"写的便是寺院周边的美景。殿内还有一幅著名的抱柱楹联"客至莫嫌茶当酒，山居偏与竹为邻"，被

慧苑禅寺（张栋华　摄）

139

多家茶企引用。朱熹当年常在慧苑寺读书礼佛，期间还题写"静我神"三个大字。一个"静"字道出万物修炼之道。隆兴元年（1163年）五六月，朱熹完成《论语要义》，标志着他在弃禅归儒道路上完成了由主悟的心学到主静的理学的转变，把"主静"视为一种人生境界、成功之道、养生智慧。因而，他提出"半日静坐，半日读书"的理念："人若於日间闲言语省得一两句，闲人客省见得一两人，也济事。若浑身都在闹场中，如何读得书！人若逐日无事，有见成饭吃，用半日静坐，半日读书，如此一二年，何患不进！"（《朱子语类》卷一百一十六）朱熹也正是通过"半日静坐，半日读书"在修身养性上把自己升华到"涵养天机"的最高人生境界，达到"静我神"的快乐、健康、长寿。而且，朱熹的"半日静坐，半日读书"与佛教的"坐禅"，道家的"静坐"有着诸多相同、相通的之处，在读书的佛寺题写"静我神"既是对自己的要求，也是对佛道的劝勉。寺内僧人因此也大加赞赏，请人制成木匾，悬挂于南庑门额。这幅儒释道都追求的"静我神"成为武夷山三教合一的又一见证。这一名匾至今还收藏在武夷山市博物馆内，虽有些残缺，却不失为珍品。

由慧苑寺过双悟桥，便是南北走向的流香涧（清凉峡）。出流香涧，一条东西向峡谷横于涧南，俗名倒水坑，别看其貌不扬，却是地貌"河流袭夺"现象在武夷山的展现。它原先是牛栏坑的一段，自西向东，因章堂涧支流流香涧溯源侵蚀，切断章堂涧与牛栏坑之间的分水岭，使牛栏坑中、上游归属章堂涧水系，形成国内罕见而奇特的巷谷，中部隆起，东段牛栏坑水向东流入崇阳溪，西段水向西入流香涧，汇入堂涧溪流。因这是武夷山中唯一条水向西流的沟谷，"倒水坑"由此得名。朱熹曾作《倒水坑作》赞美这里的景致：

穷幽鲜外慕，殖志在丘园。即此竟无得，空恨岁时迁。
川陆绵半载，烦燠当归缘。憩此苍山曲，洗心闻涧泉。

过倒水坑，沿袭芳峡南行，可直达天游峰顶，下天游峰过云窝，就是朱熹隐屏峰麓的武夷精舍。朱熹在武夷精舍读书授徒时，常经流香涧到慧苑寺和玉柱峰顶会友、品茶、读书，或到水帘洞二贤祠拜谒刘子翚、刘甫。

由袭芳峡东折，沿茶园中小径翻过一座小山岗，就进入另一条东西向峡谷九龙窠。首先映入游客眼帘的是悬崖峭壁上盆景式的古茶园，生长着6株古朴苍劲的茶树，这就是驰名中外的武夷"茶王"大红袍母树。由大红袍母树东行，经九龙涧至名丛园，见两侧崖壁陡峭挺拔，人在其间宛如置身洞天之中。涧南平滑的崖壁上有真、草、隶、篆不同书体镌刻的宋、元、明、清不同朝代名家吟咏武夷茶的茶诗，其中有一首朱熹的《咏武夷茶》。这首茶诗是2005年由当代书法家佟韦书，武夷山风景区管委会勒石。全诗为：

> 武夷高处是蓬莱，采得灵根手自栽。
> 地僻芳菲镇长在，谷寒蜂蝶未全来。
> 红裳似欲留人醉，锦幛何妨为客开。
> 饮罢醒心何处所，远山重叠翠成堆。

朱熹从少年起就生活在茶乡武夷山，对武夷茶情有独钟。他不仅提倡广种茶树，而且身体力行躬耕茶事，把种茶、采茶当作讲学著书之余的修身养性之举。朱熹行踪所到之处，留下了不少茶话逸事：

绍兴十九年（1149），朱熹回婺源祖地展墓时，曾把武夷茶茶苗带到婺源，在祖居庭院种植，并向家乡父老介绍武夷茶的采制方法。

乾道六年（1170），朱熹在崇安与建阳交界的云谷山庐峰之巅构筑晦庵草堂读书著述时，曾在北岭躬耕茶园，引种武夷茶树，在文章里留下"种植茶圃，耕且食之"的记载。云谷山麓有座寺庙，名叫休庵，住持僧喜植茶树。朱熹常往返其间，品饮佳茗，并应住持之请，作《题休庵》诗一首："别岭有休庐，林峦亦幽绝。无事一往来，茶瓜不须投。"《诗经》有云："投之以木瓜，报之以琼瑶。"朱熹用这个典故，表明茶叶珍似琼瑶，由此可见他对武夷茶的喜爱。

淳熙十年（1183），朱熹在武夷山隐屏峰下建武夷精舍，于此著书立说，授徒讲学，为儒家道统继往开来。武夷精舍四周有茶圃三处，朱熹在其中植茶百余株，世人称之"文公茶"，又名臭叶香茶，为武夷名茶之一。

绍熙元年（1190），朱熹任漳州太守时，曾在州府的百草亭园圃种植武夷茶，并撰写《劝农文》，极力推广茶叶的种植栽培。漳州、云霄一带此后一直是武夷茶的重要经营市场。

……

朱熹一生好茶，广结茶缘，并从武夷茶中领悟与获取理学思想与文学灵感。《朱文公全集》记载：朱子"年少时，曾戒酒，以茶修德。"朱熹认为茶不重虚华，有中和清俭之德，因而人们不应将其仅作满足口腹之欲的佳饮，而应作为学习的榜样，以茶修德，以茶明伦，以茶寓道，以茶穷理，以茶交友，赋予茶以广博的儒家文化特征。他曾说："物之甘者，吃过必酸；苦者，吃过却甘。茶本苦物，吃过却甘。如始于忧勤，终于逸乐，理而后和。盖理天下之至严，行之各得其分，则至和。"（《朱子语类·杂类》）。基于这种认识，朱熹常引茶入文。刻在名丛园岩壁上的这首茶诗正是朱子引茶入文的代表，本是《次秀野闲居十五咏》之一，诗名《春谷》，又名《咏茶诗》或《咏武夷茶》。诗中，朱熹以茶穷理，以品茶喻求学之道，唯狠下功夫，先苦后甘，才能乐在其中。并以茶的质朴自然，喻自己安贫乐道、处贫不贱的志气。又评茶论道，以茶如"中庸之为德"的儒家伦理来谆谆教诲学子。

关于朱熹在武夷精舍种茶、采茶，以茶会友，民间还有一段《朱熹访友遇仙》的传说：

> 朱熹在武夷精舍著书立说、讲学授徒期间，常带领学子在舍前平洲上垦荒种茶。由于朱熹及众学子的精心照料，茶树长得枝壮叶茂，郁郁葱葱。每当朱熹早晚在茶圃中散步时，茶树随着微风摇曳摆动，好像在向朱熹点头致意，感谢主人的精心培育。
>
> 一天，朱熹到山北的慧苑寺与僧友品茶论道，直至红日将沉方上路回归。这时晚霞彤红，与青山秀水交相映辉，又是一番景色。朱熹边走边看，没顾上脚下路径，一跤跌进一个深坑，试攀多次，均告失败。
>
> 正在着急，忽见一位村姑打扮的少女出现在坑上，微带稚气地问道："坑下可是五曲武夷精舍的教书先生吗？"朱熹听问大喜，急忙说："正是在下，有劳姑娘救我出坑赶路。""先生别急。"只见白影一晃，清香沁人心肺，一条长袖飘到朱熹面前。村姑说："请先生抓住衣袖，闭上眼睛，待我拉你上来。"朱熹此时也顾不得男女之别，急忙紧抓衣袖，闭上眼睛。只听姑娘一声轻喝："起！"朱熹只觉衣袖一

抖，已站在坑沿，连忙向姑娘拱手致谢。那村姑嘻嘻一笑："先生不必客气，我们并不陌生，熟人有难，前来相助，理所应当。先生想必也累了，先到寒舍喝杯清茶，稍作歇息，再赶路不迟。"

朱熹在坑下折腾了半个多时辰，也真感到全身疲乏，口干舌燥，就随姑娘走进一间茅舍，见那姑娘约十六七岁，白衫绿裙，头插白色茶花，清秀质丽，楚楚动人。朱熹不知是狐是仙，正在猜疑，姑娘已端上一碗热茶。朱熹接过茶，清香扑鼻，饮后顿觉满口生津，浑身疲劳尽消，精神焕发，心旷神怡，不仅问道："是何名茶，如此神奇？"姑娘笑道："此即先生院前的水仙茶，今故人光临寒舍，敬上一碗，略表情意。"朱熹暗暗称奇，正犹疑不定，只见姑娘长袖一挥，一阵香风袭来，急闭双眼，身随风飘，等睁开眼时已站在五曲精舍前的茶围里了，身边一丛水仙茶在月光下熠熠发光，随风摆动。朱熹恍然大悟，以恭敬的目光凝望着水仙树："啊，水仙仙姑！"

过名丛园，就是大红袍景点入口停车场了。由这里沿盘山公路北行约1公里，就是武夷山著名古刹天心永乐禅寺。朱熹青少年时曾一度崇佛，因而有一段朱熹天心问禅的往事。

绍兴十四年，15岁的朱熹在五夫刘子翚处初见开善寺道谦禅师，向其学禅。道谦以佛兼儒之学，教授朱熹援佛入儒之妙。朱熹颇得教益，直接从佛经道书和禅师那里汲取佛老思想，直到走上师事道谦禅师的道路。从此朱熹经常前往在密庵、开善寺、天心庵等拜谒问禅，开始了他出入佛老十余年道路。朱熹曾说：

> 某年十五六时，亦尝留心于此（指禅学）。一日，在病翁（刘子翚）所会一僧（指道谦），与之语。其僧只相应和了说，也不说是不是；却与刘说："某也理会得个昭昭灵灵底禅。"刘后说与某，某遂疑此僧更有要妙处在，遂去扣问他，见他说得也煞好。

（《朱子语类》卷一百零四）

绍兴十九年（1149）十二月，朱熹回婺源祖地展墓，第二年五月返回崇安，路经武夷山，特拜访时居天心寺的道谦禅师，恰逢道谦之师大慧宗杲禅师应道谦之请到天心寺说禅。听了大慧禅师说禅,朱熹适然省悟,并以诗《天心问禅》记之,盛赞大慧禅师的禅学境界和天心庵得天独厚的禅境:

年来更惑青苔路,欲叩天心日不撑。
几度名山云作客,半墙禅院水为僧。
枕石漱流心无语,听月煮书影自横。
不待钟声驾鹤去,犹留夜籁传晓风。

大慧禅师回径山后也致偈朱熹:

天心一别朱元晦,相忘已在形骸外。
莫言多日不相逢,兴来常与精神会。

"天心问禅"致使朱熹一朝启悟,为他日后创立融儒、释、道之大成的朱子学体系奠定了重要的基础。为了铭记这次顿悟,并以"天心明月"启示人们理解"理一分殊"的哲理,朱熹特书"天心明月"四个大字勒于武夷山九曲溪二曲溪南楼阁岩东北壁。

这段往事细节的真实性无从考证,但朱熹确实一度崇佛,并写过《天心问禅》诗,而楼阁岩上"天心明月"四个大字至今尚保存完好,令人不得不信。

岩骨花香慢游道,如今是到武夷山访茶、访人、访景、访文游客的必游慢道,在这里可以闻一路茶香文香,听一路朱子之歌。

(本文作者为武夷山市委史志研究室编审、武夷山朱子文化研究中心研究员)

朱子与五夫屏山书院

章一定

研究中华文化或东方文明，莫不论及书院文化。汉朝有草庐，隋唐有精舍，后来演变为书院。书院之名初现于唐朝，其制度形成在宋代。特别是朱子《白鹿洞书院揭示》成为书院教规、学规之后，推动了中国古代书院的蓬勃发展。朱子一生曾创办过4所书院，修复过3所书院，与他有关联的书院多达67所。至晚清数字统计，中国古代书院总共有7500余所。中国古代书院是中华优秀传统文化孕育和传播的重要载体，是华夏社会深厚的文化烙印。历史上著名的书院有白鹿洞书院、岳麓书院、鹅湖书院、石鼓书院、应天书院、嵩阳书院、武夷书院、建阳考亭书院、五夫屏山书院等，这些书院深深地影响了中国思想文化史、学术发展史。

武夷山市五夫镇沉睡着一座宋朝旧书院遗址——五夫屏山书院。从书院遗址规模可窥见五夫屏山书院曾经之辉煌。五夫屏山书院由朱子亦师亦父之刘子翚所创办。14岁的朱子怀着失怙之痛，与母亲祝五娘从建瓯扶送朱松的灵柩，经过艰难的长途跋涉，达到崇安五夫里，将朱松灵柩安葬在五夫西塔山下。随后，遵照父亲嘱托，拜刘勉之、刘子翚、胡宪为师，开始长达40年余年武夷山琴书生涯。

五夫屏山书院旧址占地约1.5亩，前临潭溪海棠洲，背靠屏山群脉，郁郁葱葱的松树林，环境极其秀丽清幽。刘子翚为了能让学生安心学习，还在书院内建有膳食起居之所，为学生提供方便。朱子在刘子翚的谆谆教育下，学业进展很快，不到3年时间已经读完了《大学》《中庸》《论语》《孟子》《易》《春秋》《礼记》等儒家经典，在学子中出类拔萃。同学黄子厚、方士繇、魏掞之等诸生非常敬佩，以朱子为楷模，也深得刘子翚的青睐。

五夫屏山书院是朱子一生深厚学问之氤氲之地。朱子也是从这里走向

屏山世泽（吴心正　摄）

科举之路。刘子翚是朱子一生最为重要的启蒙老师，朱子称其为"师父"。

刘子翚（1101—1147），字彦冲，号屏山，建州崇安五夫里（今武夷山市五夫镇）人。父刘韐、兄刘子羽都是著名的抗金将领。刘子翚曾随父兄为真定幕府，效命沙场。后以父荫补承务郎，任过兴化（今福建莆田）军通判，有治绩。1132年八月，以病辞归，屏弃俗务，在武夷山专事讲学和著述。1132年八月，刘子翚将家塾加以扩修，延请友人刘勉之、胡宪等知名学者为塾师，广招弟子。刘家子弟之外，远近异姓的俊秀子弟也来者不拒。因此，刘氏家塾在当时就是一所无书院之名而有书院之实的私办学校。

朱子16岁时，刘子翚为朱子取字"元晦"，赠对联"木晦于根，春容晔敷。人晦于身，神明内腴。"后来，朱子为了表示谦虚，把代表万物之始的"元"字改为"仲"字，称"仲晦"。朱子将老师所赠对联当作修身"座右铭"，后又把"字"扩展至"号"，自号"晦庵"，并以此命名云谷草堂为"晦庵"，晚年则号"晦翁"。

刘子翚对《易》很有研究，同时也是南宋初诗坛上一位很有名望的诗人。朱子在五夫屏山书院中受到了比较全面和正规的教育，除了学习经史、时文和诗赋之外，也学习"二程"、张载和杨时等北宋理学家的著作。刘子翚的道德修养与知行合一的理学教育观，以及"道统心传"学说，对朱子的理学教育思想和道统论的形成，均产生了重要的影响。

1147年十二月，刘子翚临终之前向朱子传授了"《易》为入德之门"，而"不远复"三字符又为修身之要的重要学术观点。在《易》中，第二十四卦——复卦，被理学家视为"不远而复者，君子所以修其身之道也"。学问之道并无他之奥妙，只在于不远而复，克己复礼也，即"知不善则速改以从善"而已。朱子后来奉"不远复"为修身学问"三字铭"。

五夫屏山书院创办之初只是刘子翚的家塾，当时胡宪、刘勉之也受聘在此任教。后来受学之学生越来越多，自然就成了闻名遐迩的书院。书院授课场所名"六经堂"，刘子翚曾为五夫屏山书院诸生作了一篇《示六经堂学规》："汝心之休，处此如游；汝心之流，处此如囚。此堂何有？维经与史。隐索周施，于兹备矣。诵书琅琅，其神乃扬。杂虑横心，圣言则忘。讲书默默，精义乃得。借聪于人，终焉降惑。视彼迅暑，若弗云来。今汝不勉，则何有哉？时习之说，反身之乐。瞻忽茫茫，匪伊情度。"

五夫屏山书院的教育思想与刘子翚的高尚人格深深地影响了朱子思想。"朱子理学"是建立在两个优秀传统之上：一是以史为鉴；二是以天为则。朱子在五夫屏山书院3年多的问学，奠定了其一生扎实的经史学之基础。历史与经典是传统文化传承的两条腿，也是《示六经堂学规》所高度推崇的必修功课。中华五千年历史极具生动、温情、经验与教训。王夫之写过一本《读通鉴论》，他认为读《资治通鉴》，"知历代兴衰，明人事臧否，可以自淑，可以诲人，可以知道而乐"。自淑，就是可以提升自己。钱穆先生说："中国历史过而未去、死而未亡，人同此心，心同此理。"历史中的经验和教训都是可以引以为鉴的。文天祥之"人生自古谁无死，留取丹心照汗青"已成为中华民族之历史观。"以天为则"在中国哲学中也有四重概念，即自然之天、宗教之天、义理之天、良心之天。伏羲氏一画开天，始画八卦，后来演进为《易》，成为中华文化思想之源、群经之首、哲学之母。我们的先贤们把天地自然运转之规则来引导人伦社会之序，成了后来传统"伦理道德思想"体系。中华优秀传统文化非常重视人伦、以人为本，文化理想极其崇高，朱子"存天理，去人欲"之思想亦由"以天为则"而来。

　　朱子理学是中华优秀传统文化中一颗最璀璨之明珠，其学说从道德主义出发，通过修身、齐家、治国、平天下之实践，以达人生最高道德成就之理想。朱子提倡信仰"天理"，但并不崇拜天神。周知信仰与崇拜是大有区别。信仰是内心之认同，崇拜会迷信于保佑。历代儒者皆信：幸福美好之生活是靠自己打拼而来！故《易》曰："自天佑之，吉无不利。"在使命担当，人文关怀，人心改造，道德主义，爱国主义教育上，诸子百家思想中以儒家最切，朱子理学又为儒家最核心之地位。朱子结合"二程"与他个人学识之同时，意在解决宋代社会问题基础之上而形成之理学，也发扬光大了旧制孔孟之儒学。

　　中华优秀传统文化发展至晚唐、五代十国时期，传统之孔孟儒学受到政治上外族入侵与文化上魏晋玄学兴起、隋唐佛学冲击之后，已经魂飞魄散，几无人问津。儒学在中国大地上再次之复兴，起于朱子理学。朱子理学是宋、元、明、清四朝"理学"之总代表，非他一人所完成，是宋后之大儒们理性改造了传统"孔孟儒学"后，才让中国儒学之"魂魄"重新归来。康熙评价朱子是"集大成而续千百年绝传之学，开愚蒙而立亿万世一定之规"者。

朱子理学之特点是将儒家之社会、民族、伦理道德以及个人生命信仰理念，构成更加完整概念化、系统化之哲学体系，并使其逻辑化、心性化、真理化，形成了中国人对道德之信仰。尽管朱子理学在宋儒手中变得更像是"儒教"，但其基础仍旧是儒学。朱子是孔孟之嫡传，其"理学"心源乃为孔孟学说，朱子创造性改造、创新性发展了孔孟儒学，使其光辉于世数百年之久。无论董仲舒也好，朱王也罢，他们作为儒学之继承者与发展者，在继承孔孟思想之同时，也将自己思考融入于其中。正是一代又一代儒学宗师与理学大匠共同之努力，儒学才能造福中华文化圈，流传至今。

读古人书，须能如面对亲觌，心知其人。懂得了古人，像活生生地在我面前，我才能走进此学问园地，才能了解到古人之血脉精神，以及他们间学问之传统源流。否则读书虽多，所得仅为一堆材料，只增长自己一些见解而已，古人是古人，传统是传统，与我全不相干。如此般做学问，尔为尔，我为我，在人与我间，则绝无关系，绝无内在精神之传递与贯彻，交流与影响。此等学问只是"记问之学，不足以为师"，并非真学问。

朱子一生，学而不厌，诲人不倦，讲学授徒，笔耕不辍，留下126套、400余卷、2000余万字著作，一生与"书院"结下深厚之缘。宋朝四大书院之白鹿洞书院为其创建，在他知潭州间修复了四大书院之岳麓书院，之后还中兴了湖湘学派。2020年9月17日，习近平总书记考察湖南千年学府——岳麓书院，接见湖南大学师生时，讲的第一句话是："这里是我一直牵挂的地方。"湖南岳麓书院是中国目前唯一一所还在沿用的古代书院。岳麓书院与五夫人文一脉相连，那里的湖湘学派创始人胡安国与其子胡宏是五夫人，著名的东南三贤、岳麓书院山长张栻是胡宏的学生。习近平总书记考察岳麓书院，传递的是文化"善于继承，才能善于创新"的信息与复兴中华优秀传统文化的决心。中华优秀传统文化是我们这个民族的"根"和"魂"，也是我们的精神家园。习近平总书记说："抛弃传统、丢掉根本，就等于割断了自己的精神命脉。"传承和弘扬中华优秀传统文化是爱国主义最重要的条件，也是我们世世代代中国人义不容辞的民族事业。从文化自信走向文化强国的今天中国，一定可以从中国古代书院文化传承中汲取精神与智慧。

北孔南朱，武夷山市五夫镇是朱子琴书五十载之地，是国家历史文化名镇。这里是朱子文化生态保护实验区最重要的核心区，朱子文化遗存和非物质文化遗产项目众多；是历史文化名镇，兴贤古街达千年以上，规模庞大，保存完整；是海峡两岸交流基地示范点，承载了海峡两岸朱子文化交流的殷殷期盼；是福建省中小学生研学基地。五夫镇已成为国内外聚焦的旅游目的地、休息养生地、交流研学地。五夫，当下态势很好，未来发展可期。

如今，五夫屏山书院已不复存在，但其书院文化中的光辉思想和文明造化，仍在照耀今天中国人的文化自信。站在屏山书院遗址旁，似乎还能听见当时一群师生齐诵"为天地立心，为生民立命，为往圣继绝学，为万世开太平"之振聋发聩声。曾经创造了书院辉煌历史的先贤们，其英魂不灭，值得后人永远致敬。书院这块精神家园是老祖宗留给我们子孙后代的宝贵遗产。在提倡复兴中华优秀传统文化的今天，一定可以从古代书院教育中汲取其文化精神和优良的教育方案。我们期待五夫屏山书院在政府的关心支持下，在广大文化专家学者、仁人志士的推动下，能早日复兴，重现昔日五夫文风之盛！

（本文作者为同文书院院长、武夷山朱子文化研究中心研究员）

瑞岩唤醒主人公，把手经行禁纲中

——瑞岩扣冰古佛与朱子理学

黎晓铃

一、瑞岩扣冰古佛的"惺惺"禅法

扣冰古佛，法号藻光，但是又常被称为辟支古佛。所谓辟支，是独觉、自悟成佛的意思。其中，以自问自答作为其主要形式的"惺惺"禅法，就是扣冰辟支古佛领悟到的与众不同的禅法。"惺"是"醒悟""清醒"的意思。瑞岩扣冰藻光禅师每日都会自问"惺惺否"，即扣问自己的内在的主人翁是否处于清醒的状态。得证悟后，扣冰藻光禅师则会自答"惺惺"。这其实是一种对内观照和内省的工夫，与佛教华严宗强调向外学习形成了鲜明的对比。佛教华严宗常用"月印万川"比喻的佛法与现实的关系。佛法智慧如同人们所能看到的天上皎洁无瑕的月亮。然而若佛法智慧只能是高悬缥缈空中，又当如何让现实中人去习得呢？对此，华严宗强调"一月普现一切水，一切水月一月摄"，佛教的最高智慧可以印照在现实之中，人们其实可以通过探究现实从而领悟最高的智慧。

应当说，十分重视向外学习的华严思想在当时佛教界已经非常流行，扣冰藻光禅师早年的师父行全和尚或许就曾一再对藻光禅师强调了类似的思想。因此，早年的扣冰藻光禅师曾自嘲"徒守一坞白云"的自己可能会变成见识浅陋的"恋瓮酰鸡"，更立下了"周览大千世界，以收千江明月"[①]的志向，并开始云游四方，参访大德，希望通过增加见识，从而真正地领悟到佛法。然而，在跋涉四方的过程中，扣冰藻光禅师忽然又领悟到

---

① 黎晓铃：《扣冰藻光禅师》，厦门大学出版社2016年版，第262页。

瑞岩寺（叶航　摄）

瑞岩唤醒主人公,把手经行禁纲中

"云遏千山静,月明到处通""欲会千江明月,只在一轮光处,何用捕形捉影于千岩万壑,以踏破芒履为耶?"① 也就是说,向外学习其实还是"捕形捉影","内证"才是领悟最高佛法的最终途径。于是,扣冰藻光禅师停止了云游,开启了长久的"惺惺"内证修行。

可是,在相当长的一段时间里,禅师们对此形式进行了相当猛烈的攻击。比如风穴延沼就认为"自拈自弄有什么难?"(《碧岩录》卷四)大慧宗杲认为"瑞岩家风,呼主人公,昔夜南山,虎咬大虫。"(《大慧语录》卷十)"却似眼见鬼一般。如此日日在方丈里叫,更无一个有鼻孔底颁览得这个道理。"(《大慧普说》卷一)无门评唱:"瑞岩老子,自买自卖,弄出许多神头鬼面,何故瞶?一个唤底,一个应底。一个惺惺底。一个不受人瞒底,认著依前还不是,若亦效他,总是野狐见解。"回观后代禅师们对扣冰藻光禅师的批评,我们发现大家都是对扣冰藻光禅师自问自答的方式颇为不满。但是,联系扣冰藻光禅师更多的话头和事迹,我们会发现扣冰藻光禅师的"惺惺"禅,并不是表面形式上的如此简单。我们可以从扣冰藻光禅师年轻时参谒雪峰义存禅师说起。

扣冰藻光禅师早年参谒的第一位大德就是当时名震四方的雪峰义存禅师。雪峰义存禅师被认为是唐末最伟大的禅师之一,在当时有"北有赵州,南有雪峰"的响亮赞誉,在禅宗发展史上占有重要的地位,禅门五宗中有两宗——云门宗、法眼宗即出自他的法系,其雪峰道场的建立,对当时的禅宗,乃至整个佛教的发展都有重要的意义。唐咸通十年(869),雪峰义存禅师48岁,已经游方求道,遍历名山,北游吴、楚、梁、宋、燕、秦等地,曾参拜过莆田的庆玄律师、福州的宏照禅师、安徽的大同禅师、浙江的洞山良价禅师、湖南的德山宣鉴禅师,最后回到福州。而此时扣冰藻光禅师才26岁,主要在武夷地区活动。因此,参谒雪峰义存禅师能够使当时的扣冰藻光禅师增加见识。

雪峰义存禅师见到扣冰藻光禅师的第一眼就对他大喝一声:"汝进一步则死,退一步则亡!"在此,雪峰义存禅师其实是模拟人们在现实中陷入世俗惯性逻辑而进入进退两难的境地。对此,人们常常烦乱不堪、不知

---

① 黎晓铃:《瑞岩扣冰禅师》,厦门大学出版社2016年版,第264页。

所措，甚至陷入抑郁和精神障碍。但是扣冰藻光禅师却不慌不忙地回答："我横行几步有何妨？"扣冰藻光禅师的"横行几步"指的是，人们其实可以暂时从外在越绷越紧的惯性逻辑中抽离出来，反观内在，从而使自己能够有更广阔的视角和智慧控制眼前的局面。而从"几步"我们也能够看出，扣冰藻光禅师并不是要求人们永久地逃离现实，而是指示人们可以从自己的内在挖掘应对现实的力量。且雪峰义存禅师也开始以扣冰藻光禅师带来的凫茈与米酱作为话题追问扣冰藻光禅师关于内在的修行。

> 师时携凫茈一包、米酱一瓯为话头。雪峰见曰：包中何物？师曰：凫茈。雪峰曰：何处得来？师曰：泥中得来。雪峰曰：泥深多少？师曰：无丈数。雪峰曰：还更有么？师曰：转深转有。又问：瓯中何物？师曰：酱。雪峰曰：何处得来？师曰：自合得。雪峰曰：还熟也未？师曰：不较多熟。

凫茈即荸荠，雪峰义存禅师将话题由荸荠引向泥土，意在问什么样的条件才能滋润培养出香甜可口的荸荠，其实是紧接着扣冰藻光禅师刚刚回答的"横行几步"问扣冰藻光禅师向内挖掘可达的深度，也就是人们内在的潜力。"转深转有"的答案则意味着人们内在的潜力是无限的。而"自合得"的米酱"不较多熟"其实又指示着虽然人们内在潜力无限，但是又需要符合客观条件才能在现实中运筹帷幄。

> 雪峰不语，良久又问曰：汝自舟来？陆来？师曰：顺流鼓，不假跋涉。雪峰曰：千里而来不亦劳乎？师曰：既不假涉雪又□劳之有？雪峰曰：地僻山林，四畔风雪，何自而入？师曰：荆榛既辟，自无不入。

紧接着，雪峰义存禅师又以扣冰藻光禅师如何到来为引，导向了如何运用客观条件达成目标的讨论。千里而来，长途跋涉会非常疲劳。但是扣冰藻光禅师却没有选择跋涉山林的费力方法，而是选择乘舟顺流而下，轻松抵达。这其实代表着只有充分开发人的主观能动性才能合理运用客观条件轻松达成目标。而"地僻山林,四畔风雪,何自而入?荆榛既辟,自无不入"则代表着人们是不可能通过躲入偏僻的深山老林的方式躲过世俗风雪的侵扰。如此可以看出,扣冰藻光禅师所主张的"惺惺禅"并没有主张逃避现实,反而我们能够看到扣冰藻光禅师所努力的方向其实是探索如何挖掘内在的潜力和智慧,超越现实把握现实。

此外,扣冰藻光禅师之所以得名"扣冰",是因其持之以恒坚强的意志力。武夷山的冬天异常湿冷,寒风刺骨,一般人穿着厚厚的棉衣,烤着火炉都难以抵挡严寒。而夏季常常酷暑难耐。可是扣冰藻光禅师回武夷山后,冬天再也不用火炉,夏天也不用扇子,一年四季穿着厚厚的破棉袄,唯独通过控制呼吸砥砺内行。后在扣冰藻光禅师40岁左右,更在寒冷的冬天修炼到"扣坚冰而浴,略无寒色"。因此,被人们称为"扣冰和尚"。有句俗语叫"心静自然凉",同样,通过心境的把握也同样能够抵御寒冷。而扣冰藻光禅师正是通过对心的把握克服外界对内在自我的影响,从而达到内在潜力的深深挖掘。

二、朱子理学对瑞岩禅法的吸收与拓展

朱子也曾探访过瑞岩寺,并写下了《题瑞岩》的诗句:"踏破千林黄叶堆,林间台殿郁崔巍。谷泉喷薄秋愈响,山翠空蒙画不开。一壑只今藏胜概,三生畴昔记曾来。解衣正作留连计,未许山灵便却回。"[①] 其中"解衣正作留连计,未许山灵便却回"展示的是朱子差点就沉迷于佛教中宁静而空灵的世界,但是现实中的使命感使他转过身来,积极面对现实的世界。但是,朱子对扣冰藻光禅师向内观照的"惺惺禅"也给予了极大的关注,并进行了批判性的吸收,使其成为朱子建立"心性论"的重要参照。朱子在阐述"心"之内涵时说:"心只是一个心,非是以一心治一个心。所谓存,所谓收,只是唤醒"[②]。很显然,朱子理学的"唤醒"吸收了扣冰藻光禅师的"惺惺"禅法。

其实,"惺惺禅"还与刘子翚所推崇的"不远复"有着异曲同工之妙。

---

① 黎晓铃:《扣冰藻光禅师》,厦门大学出版社2016年版,第146页。
② 黎靖德:《朱子语类》卷12,中华书局1986年版,第200—201页。

"不远复"是刘子翚向朱熹传授复卦的"入德之门",是身心修养的"三字符"。刘子翚在临终前对朱熹说:"吾少未闻道,官莆田时,以疾病始接佛老子之徒,闻其所谓清净寂灭者而心悦之,以为道在是矣。比归,读吾书而有契焉,然后知吾道之大,其体用之全乃如此,抑吾于《易》得入德之门焉。所谓'不远复'者,则吾之三字符也。佩服周旋,罔敢失坠。"[①] 可见,刘子翚是以"不远复"融合儒佛,并将此交代给了朱子。"不远复"源自《易》卦二十四:"不远之复,无祗悔,元吉"。《小象辞》曰:"不远之复,以修身也。""不远复"从字面上理解是"没走多远就要停下来回头看",其内涵是自我反省,及时纠正偏差,才不会在前行的道路上迷失方向,与扣冰藻光禅师的"惺惺禅"十分相似。

但是,扣冰藻光禅师的"惺惺禅"其实是在"不远复"及孟子思想的基础做了一些提升。我们可以从孟子的"性善论"开始讨论起。孟子主张"性善论",他更多地并不是在讲人"性"如何,而是在讲人"心"若何[②]。

> 孟子曰:"牛山之木尝美矣,以其郊于大国也,斧斤伐之,可以为美乎?是其日夜之所息,雨露之所润,非无萌蘖之生焉,牛羊又从而牧之,是以若彼濯濯也。人见其濯濯也,以为未尝有材焉,此岂山之性也哉?虽存乎人者,岂无仁义之心哉?其所以放其良心者,亦犹斧斤之于木也,旦旦而伐之,可以为美乎?其日夜之所息,平旦之气,其好恶与人相近也者几希,则其旦昼之所为,有梏亡之矣。梏之反覆,则其夜气不足以存;夜气不足以存,则其违禽兽不远矣。人见其禽兽也,而以为未尝有才焉,是岂人之情也哉?故苟得其养,无物不长;苟失其养,无物不消。孔子曰:'操则存,舍则亡;出入无时,莫知其乡。'惟心之谓与?"

在此,孟子强调,人的良心如同自然界的植物,若没有外界的破坏会

[①] 朱熹:《朱子全书·晦庵先生朱文公文集·屏山先生刘公墓表》卷90,上海古籍出版社、安徽教育出版社2002年版,第4169页。
[②] 叶树勋:《"心"何以是"良"——孟子以"良"界定"心"地意义追寻》,《南开学报(哲学社会科学版)》2019年第2期。

瑞岩唤醒主人公，把手经行禁纲中

自然显现出本然良善的一面，但是如果受到外界的干扰和破坏而没有及时存养，良心就会被蒙蔽，从而使人沦为禽兽的状态。因此，如何存养良心就成了孟子学说中最大的命题。儒家对人的要求不仅仅是"独善其身"，更要面对现实"开万世之太平"。但是外界的侵扰若会蒙蔽内在良心，又当如何在外界的"枪林弹雨"中存养良心呢？孟子要求在夜晚不受干扰的情况下"存夜气"，刘子翚所提倡的"不远复"要求的是面对外在不久就需要回到内在涵养。但是，其中的良心一直处于被动的状态。如何使内在的良心发挥作用抵御外界的干扰是扣冰藻光禅师紧接着孟子的存养良心以及"不远复"之命题的继续探讨和深入实践。"云遏千山静，月明到处通"，其中"云遏"并不代表月亮不存在，而是月亮被云朵遮蔽；而"月明"则代表月光发挥了作用穿透了遮蔽的云朵，也就是孟子学说中良心发挥了能动心扫除了来自外界的影响。因此扣冰藻光禅师看重的是如何使人内在的良心主动地发挥作用。"惺惺否"地扣问，代表着内在的良心并不是被动地等待外界侵扰的消退，而是能够唤醒，并主动积极地发挥作用，以摒弃来自外界地侵扰。

应当说，扣冰藻光禅师"唤醒"内在的思想是被朱子所认可的，所以朱子将其纳入了其"心性论"的范畴。但是，朱子对此又进行了拓展。朱子说："若如禅者所见，只看得个主人翁便了。其动而不中理者都不管矣。……'惺惺'字则同，所做工夫则异。"[1] 由于扣冰藻光禅师毕竟是一位佛教僧人，实际并没有介入世俗事务。所以朱子在唤醒主人翁的基础上，更强调"动而中理"，以实现儒家需要"开万世之太平"之理想。明代朱子学继承者薛敬轩所说"余每呼此心曰：主人翁在室否。至夕必自省曰：一日所为之事合理否"[2] 很好地诠释了朱子学者对"惺惺"禅法的融合及践行。宋释绍昙在《瑞岩唤醒主人公》的偈颂中唱到"瑞岩唤醒主人公，把手经行禁纲中"[3]，其中"把手"是拉起手的意思，经行是指动中修定慧，"禁纲"指的是世俗中的纲常伦理，也可以说是朱子一生致力构建的社会制度框

---

[1] 黎靖德：《朱子语类》卷126，中华书局1986年版，第3019页。
[2] 薛瑄：《读书录》卷4，清康熙三十九年刻本。
[3] https：//so.gushiwen.org/shiwenv_7739a3ccd231.aspx.

架。"瑞岩唤醒主人公,把手经行禁纲中"生动地展示了朱子对瑞岩"惺惺"禅法的吸收与拓展。

(本文作者为武夷学院朱子学研究中心副教授,武夷山朱子文化研究中心研究员)

诗传国风体　兴发酒家旗

——朱子"酒市"及其《次秀野杂诗韵·酒市二首》赏析

朱燕涛

一

南宋大儒朱熹，世称朱子。朱子在福建崇安（今武夷山市）生活近五十年。在崇安期间，他主要致力于学习、研究、著述和讲授圣贤学问，成为中华文化史上最伟大的理学家。但是，朱子贤者多能，除理学成就之外，他还是一位兴趣广泛的博学才子和性情中人，时常悠游城乡，纵情山水，叩访亲友，斟酌茶酒，放歌诗赋。

朱子的文学才能，特别是诗词作品，在南宋文坛同样堪称翘楚。他一生创作了大量诗词，不少诗词深寓哲理，被称为哲理诗魁首。然而，他也创作叙事和谐趣类的诗词，其中不乏或婉约或豪放的大作。尤其是他的与酒有关的诗词，深得全唐及北宋大家的真传与滋养。这类诗词且最能反映他对各种感情的精准抒发与对不同诗风的娴熟驾驭，并且也最能生动反映他穷且益坚，锲而不舍，达观向上的人生态度。

一如他叙述贫病之时仍坚守家酿传统但并不嗜酒的"咏酒诗"，其丰富的想象，戏谑性的笔触，反映了他如颜回般的乐观豁达心态与对诗友的诚挚感情。

《次秀野杂诗韵·家酿二首》

其一

铚艾无中熟，欢谣阙屡丰。
但知愁鬓白，那复醉颜红。

古巷深深（吴心正　摄）

诗传国风体　兴发酒家旗

田舍寒如此，侯家事不同。
新醅拨浮蚁，春满夜堂中。
　其二
闻道兵厨盛，春泉响臘篘。
定知盈榼送，不待扣门求。
沆瀣应难比，茅柴只自羞。
病身从法缚，好客为公留。

注释：秀野，即刘韫（1101—1179），字仲固，崇安人，抗金英雄刘鞈的弟弟，即朱子义父刘子羽的叔叔。文献载他"以兄荫入仕，历通判三州，知二州，皆有政声。后以朝散大夫致仕，归隐于崇安县南，所居有台榭花木之胜，自号秀野，与刘子翚、朱熹唱酬甚多"。刘韫居崇安城南九曲巷沧波馆。铚艾：收割。欢谣：歌谣。阙：同缺。新醅拨浮蚁：化白居易"绿蚁新醅酒"诗意。新醅指初熟的酒；浮蚁指浮在酒面的糟粒。兵厨：典出《三国志》，指酒窖、酒库。臘篘（là chōu）喻腊酒，冬月酿下开春饮用的米酒。榼（kē）：盛酒的器具。沆瀣（hàng xiè）：夜间的露水。法缚：规则约束。

这是两首在五夫写给住在县城南郊诗友刘秀野的酬唱诗。"其一"大意：年景欠佳，收成不好，欢快的歌谣也不如以往唱得多了。生活让人愁白了头，哪来美酒可让我喝得红光满面？田间的茅舍虽然一幅贫寒景象，但待在家里该做什么（包括酿酒）还得照常做。酿下的酒有绿蚁般的糟粒浮了上来（喻酒熟了），夜晚的屋子里顿时充满了春天（酒香）的气息。"其二"大意：听说你家的酒库已装满了，我看见春野泉水的流动，就想到你在过滤你的家酿美酒。我猜想你一定会满满地送我一榼美酒，而不要我上门来求讨。我家也酿了酒，但量比夜里的露水还少，我像茅草一样羞涩。（其实）就是这点家酿，我因为身体有恙的限制不能喝，好客的我这是要留给您来品尝啊。

二如他抒写携酒登高排遣孤寂心情的"吟酒诗"，则有若李商隐《登乐游原》，同样忧思难忘，但却胸襟开阔，自信满满。

《晚饮列岫》
危亭披豁对苍霞，策杖重来日未斜。
满目江山一尊酒，哦诗莫遣太雄夸。

三如偕友置身名山大川把酒临风后抒发胸臆的"饮酒诗"，便有若李白般浪漫如仙，豪气冲天。

《醉下祝融峰作》
我来万里驾长风，绝壑层云许荡胸。
浊酒三杯豪气发，朗吟飞下祝融峰。

注释：祝融峰即南岳衡山的主峰。该诗为朱子从福建崇安出发，翻越千山万水，赴长沙岳麓书院，举行了著名的"朱张会讲"。会讲十分成功，他便与张栻相携畅游南岳衡山，并在祝融峰上举杯对饮。随后，他们兴致勃勃乘着月色飞奔下山。下山后，朱子挥笔记录下当日的快意心境。其心情有如杜甫的"白日放歌须纵酒，青春作伴好还乡"。朱子的豪迈性情在此诗展示得淋漓尽致。

二

然而，在朱子"酒诗"中，最有情趣的当属《次秀野杂诗韵·酒市二首》，并同样是与刘秀野的酬唱之作。作为朱子的"闲适体"诗词，充满了风趣幽默和生活情调，并为我们记录了当年崇安市井的风土民情，既极具文学价值，也颇蕴民俗价值。

其一
闻说崇安市，家家曲米春。
楼头邀上客，花底觅南邻。
讵有当垆子，应无折券人。
劝君浑莫问，一酌便还醇。

诗传国风体　兴发酒家旗

其二

丽藻摛云锦，新章写陟厘。
诗传国风体，兴发酒家旗。
见说难中圣，遥知但啜醨。
盘餐杂鲑菜，那有蟹螯持。

注释：崇安市：指崇安街市、市井，这里指刘秀野所居的今南门街一带；曲米春：一种用稻米酿制的老酒，即今武夷山市城乡百姓至今仍有家庭酿制的红曲酒；楼头：视野开阔的楼阁，适于边饮酒边观景；上客：尊贵的客人；南邻：杜甫有诗《南邻》，此调侃和喻指酒醉的刘秀野；讵：反问的副词；当垆子：卖酒的人；折券人：赊账的人。国风：《诗经》中的民歌；丽藻：华美的文辞；摛：传布；云锦：白色的绸缎；陟厘：纸张的一种；中圣：指喝醉酒；醨：薄酒，指不易醉的低度酒；杂鲑菜：指普通的菜肴；蟹螯：指珍馐美味。

朱子一生中有多位经常诗词唱和的诗友。而与他往来最密切且诗歌酬唱最多的诗友，却是晚年退隐在崇安城南的刘韫（秀野）。上面这二首诗，便是朱子37岁时，即乾道二年（1166）在武夷山生活期间与刘秀野酬唱写的闲适诗。

朱子作为一位具有传统文人性情的诗词大家，一生也叙写了许多极具生活情趣的闲适诗词。"中华文人七件宝，琴棋书画诗酒茶。"朱子也是如此，不仅性好山水，对茶酒同样钟情，其中涉"酒"的诗作便不胜枚举。除了上列的几首"酒诗"外，还有如："满意分携一杯酒，登山临水不能休。"（《送谢周辅入广》）"饮罢醒心何处所，远山重叠翠成堆。"（《伏读秀野刘丈闲居十五咏谨次高韵率易拜呈伏乞痛加绳削是所愿望·春谷》）"闻道放船飞皂盖，定知行酒载红裳。"（《次秀野泛沧波馆至赤石观刈早稻韵》）等俱脍炙人口。《福建通志》卷12《朱熹传》这样记叙朱子："自号紫阳，箪瓢屡空。然天机活泼，常寄情于山水文字。南康志庐山，潭州志衡岳，建州志武夷、云谷，福州志石鼓、乌石，莫不流连题咏。相传每经行处，闻有佳深壑，虽迂途数里，必往游。携尊酒，时饮一杯，竟日不倦。非徒泥塑人以为居敬者。"

酒市二首写于宋南渡后,福建崇安商业与文化迎来最为繁荣的历史时期。朱子一生除聊聊数年在外为官与讲学外,有数十年时间生活、著述与授徒于崇安。朱子是位不倦的行者,作为重情尚礼的他,对居住在县城及城郊的友人常登门访问。本诗题目中的"秀野"为他亦亲亦友的至交,且住在崇安县城南郊。其别墅"沧波馆"约在今南门街余庆桥附近,朱子常作叩访。

早在朱子被托孤崇安五夫刘氏的百年之前,崇安县城的南郊,便因埠成市。埠即水运与商业码头。北宋名臣赵抃(谥清献)在崇安任知县时(1040年前后),在崇安城南修建了一条拦河长坝"临安陂(坝)",蓄崇溪水为一长湖,名"青龙潭",并相应地于临安坝对岸的城南郊修建了一道长百丈的"青龙埠(码头)"。该码头建成后,青龙潭便舟楫如织,成为福建闽江水道连通江西"闽赣古道"的水陆接驳枢纽。崇安从此"舟车辐辏,日夜不绝",商旅往来,熙熙攘攘,作为福建"北大门"的地位就此奠定。青龙码头所在的南门街,因此逐渐成形并日益繁荣。至朱子时代的南宋,已然成为热闹的"崇安市",市列珠玑,酒旗招展。对此,辞官闲居南门街附近的刘秀野,时常光临这一带市井酒楼,并赋诗寄与友人分享。南门街作为商旅码头,朱子无论入县城会亲访友或拜谒文庙,或是赴江西及湖南等地从政与讲学,均需在此交替舟马。因此,朱子对南门市井之热闹已耳濡目染。住在城南作为长辈兼诗友的刘秀野,其"沧波馆"也是朱子经常寄宿与流连之所。朱子与闲居南门外的刘秀野行吟唱和的大量诗词,许多亦于此切磋而就。

乾道二年(1166)的某日,刘秀野兴致勃勃地写了两首《崇安酒市》诗抄送朱子品鉴。朱子对这位忘年知己崇敬有加,对他所赠之诗无不即予拜读并作复酬唱。读罢来诗,联想到每次经过南门街市所见的市井情形,朱子欣然提笔酬和了上述两首。诗中对当时崇安市井盛行的酿酒、宴宾及以文章华彩斗酒等习俗所作的生动描写,向我们展示了一幅当年"金崇安"繁荣昌盛与儒雅升平的气象,令人遐想到崇安词人柳永《望海潮》对宋都临安城景象的渲染状述。

酒市二首的"其一"介绍了当时南门街家家酿酒,酒楼林立,嘉宾盈门,呼朋唤友,酒香意醇,欢声不绝的盛况。唐宋时期,文人好酒,经济却多不宽裕,从而"酒债寻常到处有"。而在"金崇安",人们因赵抃建设了清献河、临安坝系统水利工程，使万亩粮田旱涝保收，航运发达，人们普遍富足，喝酒也少有赊账的，民风淳朴。"劝君浑莫问，一酌便还醇"（什么都别说了，再满一碗，还是那么醇美）。"其二"写的是酒客们赋诗助兴，以文采斗酒的国风民俗。虽然是薄酒素菜，也兴味盎然。一派其乐融融气息，极具生活真实。酒市二首同时向我们揭示了那个时代武夷山已拥有发达的酒业，创造了原产地品牌"曲米春"，并在民间形成了醇厚浓郁、热闹而不奢靡的"武夷酒文化"精神与书卷气。这是朱子为武夷山留下的另一笔深值我们发扬光大的武夷文化遗产。

（本文作者为武夷文化研究院研究员、武夷山市政协文史研究员、武夷山朱子文化研究中心研究员）

白水仕族家世研究

赵建平

白水约开邑于唐中。相传，金鹅峰下一爿酒店水井因贪由酒变白水而得名。行政区划大至包含茶景、金竹、大将、廪山、里江、地尾等地。在白水和白水周旁分别有：开邑崇安的彭氏、状元之家詹氏、一邑望族丘氏、九百年湘学导师胡氏、国史中占光荣一页刘氏、闽中九牧林氏、爱莲一系周氏、唐皇之后李氏、六世科第翁氏、怀齿张氏、宋代一冠吴氏、闽王后裔王氏、弘农四知杨氏，以及程颐、程颢、游酢、范仲淹、江贽后裔。在唐宋数百年中，白水仕族俊彦辈出，文章华国，联成明亮的星座，照亮中国的夜空。

一、刘氏"五忠六贤"

《东族五夫刘氏家谱》记载：唐末，刘楚避五季之乱，率子翱、翔、幽由京兆武功（陕西扶风）经和州（安徽和县）入闽，五子翔与子庸南游猎至崇安五夫屏山之下，潭溪之上，爱其山川环秀的景色，遂定居五夫里号称东族。由唐至宋，封公者十一，赐谥者十二，史称"五忠六贤"，忠义孝友、道德文章，彪炳史册。理宗御笔"精忠望族""理学名家"，在"国史中占光荣之一页。"

1. 入闽始祖

刘楚（815—901），字白衍，京兆万年县洪固乡胄贵里人。自幼喜文，秉有悟性，经史俱通，诗词精湛，自少传承先祖，忠贞不贰，官授镇国大将军，升光州大都督，拜工部尚书，改吏部尚书。生六子，翱、翘、翊、丰、翔、幽。唐末，率长子翱、五子翔、六子幽避乱入闽，为入闽始祖。卒封沛国公，谥忠简。

五贤井（丁李青 摄）

鹅子峰（陈美中 摄）

2. 五夫一系

刘韐（1067—1127），字仲偃，绍圣元年（1094）进士，历任县令、宣抚使等职。靖康元年（1126），金兵南下，韐屡胜金兵。钦宗旨韐去金营，金人欲"请为金国相。"韐言："金人不以予为有罪，反以予为可用，夫贞女不事二夫，忠臣不事二君，况主忧臣辱，主辱臣死，此予所以必死也！"即沐浴更衣，酌酒，自缢。据传："子羽具棺衾，大殓。公薨八十日矣，颜色如生"。高宗书"旌忠褒节"，南宋封"忠烈顺济公"，明时封"东岳左丞相，谥忠显"。

梁章钜《巧对录》记载趣事一册，原文抄录如下："刘韐始为尉洪之丰城，性不饮酒，饮酒则面色烘然。推官抵邑，能饮咉，与刘同会以谚语戏刘云：'小器易盈真县尉。'刘对：'穷坑难满是推官。'"

刘子羽（1086—1146），字彦修，刘韐长子。精通经史，11岁随父从军。因军功卓著晋升徽猷阁待制。30多年金戈铁马，大败金兀术，收复失地，戍守边关，令金人闻风丧胆。绍兴十二年（1142），因不附秦桧，奉祠归里。悲愤而故，享年五十。初谥忠穆，后改谥忠定。

刘子翚（1101—1147），字彦冲，刘韐季子，谥文靖。通经读易，博闻众学，一生致力儒学。归隐五夫后，收徒传道，扶掖后学。哺育了忠肃公刘珙和文公朱熹两个伟人。理宗时，赠太师，封齐国公，所著《圣传论》等80余篇入《屏山集》。

刘珙（1122—1178），字共父，刘子羽长子。绍兴十二年进士，官至资政殿大学士，参知政事。正直敢言，善于进谏。论事坚决，不避权势。政绩显著。临没之时，手书张栻与朱熹告诀，其言皆以未能为国家报仇雪耻为深恨。赠太师、光禄大夫、封鲁国公，谥忠肃。

刘韫（1101—1175），字仲固，号秀野，历倅三州典二郡，有政声。隐县南沙古洲，筑"秀野庄园"，所居有台榭花木之胜，与侄子翚、朱熹相唱酬。其子刘子翔善诗文。时人称父为吟龙，子为词虎。

五夫刘氏群星璀璨。刘民先、刘民觉、刘䪌、刘子翼、刘子翔、刘如愚、刘璹、刘珣、刘玶、刘学裘、刘学雅、刘学博、刘学古、刘学箕等均有传。

3. 白水一系

《东族五夫刘氏家谱》记载："豳公第九子刘衡居白水。"《崇安县新志》记载:"六世刘滋时以文学崛起于世。"

刘滋(980—1041),景德二年(1005)进士,历无锡知县,福州通判,南剑州知府。后升迁职方郎中,累赠开封仪同三司,吏部尚书。滋子照,朝请郎。孙元振北宋闽中学者。曾孙刘勉之。刘滋传记简单,全文是:滋字润之,五夫里人。景德二年登第,试开封礼部皆第一,初知无锡县,移判福州。仁宗时,知南剑州,有黯淡滩,湍猛多覆舟,滋即滩旁疏三巨港,凿七盘石,转山之曲二百余丈,遂为安流。历典九郡,皆有惠政。官至职方郎中,累赠开封仪同三司吏部尚书。

《旧志》记载刘滋神话一册,原文抄录如下:"刘滋未贵时,梦神携印一篮大小百余颗,令吞之。至十四颗,印文累累见于肠间。后间中外十四任,九任专城如梦数云。"

刘元振未见立传,仅见《旧志》记载故事一册,原文抄录如下:"元振字君式,五夫里人。滋之孙,少沉静,有器识,朝廷推其季父恩将荫之,力辞。以属其弟,弱冠游太学,饬身苦志,为吕大防、游酢所重。元丰中,士习日靡,元振不求苟合,遂归告其亲曰:'儿愿为志养,不愿为禄养。'菽水承欢,怡怡如也。"

刘勉之(1091—1149),字致中,一生不仕,闭门讲学。与胡宪、刘子翚创"刘胡学派",读书力稽,无求于世,贤士大夫咸高仰之。杜门十余年,学者踵至。朱松属之后事,戒其子熹往受学焉。勉之经理其家,爱之如子,而以女妻之。熹卒为大儒,勉之之教也。有文集若干卷,学者称白水先生,谥简肃。

刘夔(981—1063),字道元,刘幽六传,大中祥符八年(1016)进士。历江西、两浙、淮南转运使,权侍御史,工部吏部侍郎,首撰《武夷山志》,所著有《春秋褒贬志》《晋书指掌》《文章笔粹》,有政廉名,为崇安籍翘楚。刘夔《宋史》《建宁府志》《崇安县志》有传,记载丰富。

《旧志》记载故事一册,原文抄录如下:"刘夔,少肆业山中。一夕,方观书,有手蓝色,毛毶毶然。从窗隙入为剔灯。因执其手画押于上,叱使去。鬼曰:'吾不能去矣,乞侍郎去所画押。'夔如言,遂缩不见,后果为侍郎。"

刘夔墓经发掘,随葬品丰富。出土墓志铭一方,铭文是:"邑中进士张惟几夜携二姪求见,以公贫婆,因出黄金一饼为赞。公曰:'杨伯起畏四知，今六知矣！可不畏乎？'惟几收金怯惧而去。"留下刘氏"六知"名言，成为武夷山著名的典故。

刘夔是个神仙，能未卜先知，预知生死。富弼称其"夔天赋绝识"，孙沔称其"进为卿相，退为神仙"，范仲淹称其"高风孤躅，贺监后一人"。

二、胡氏"一家五贤"

南唐末，胡夔先居黄柏柘阳，娶籍溪刘氏，遂迁籍溪（白水），所居胡墩龟山。七传至安国，以《春秋》学显于时。子胡寅、胡宏、胡宁，侄胡宪，人称"一家五贤"，因胡安国、胡寅、胡宏、胡宁、胡宪，孙胡大正、胡大逢、胡大时，均讲学湖南，亦称"胡氏八贤"，后胡实、胡大本和胡大壮加入其中，故又谓之"胡氏家十一贤"。创籍山书院于白水。

1. 胡氏"安"字辈名人

胡安国（1074—1138），字康侯，绍圣四年（1097）进士，与杨时、游酢、谢良佐游。显道尝谓安国如大冬严寒，百草萎死，而松拍挺然独秀。湖湘学派创始人，在理学发展史上居承上启下的地位，对后学产生深远影响。所著《春秋传》为科举经文定本，卒于潭州，葬湘潭县龙穴山。谥文定。

胡安老与胡安止。胡安老，字康年，以兄安国荫官朝散议大夫。父渊，临殁以二荆授安国，令严督二弟，安国誓不忍杖，抚而教之，安老与弟安止因感奋力学，俱以学术、行义著，及外补罗江县，擢袁州，皆以廉惠闻于时。

2. 胡氏"仲"字辈名人

胡寅（1098—1157），字明仲，安国从兄淳三子。生时母欲不举，溺寅且死。安国之母梦大鱼跃盆中，急往救之，令安国收养，立为长子。寅少桀黠难制，安国闭之空阁中。阁有杂木，寅悉雕为人形。安国曰："是当有以移其心。"乃置书数千卷于上，年余悉成诵。宣和三年（1121），擢进士甲科。著《斐然集》三十卷、《崇正辩》三卷、《论语详说》二十卷、《无逸传》一卷、《二五君臣论》一卷、《西汉史钞》二十卷、《三国六朝攻守要论》十卷、注叙《古千文》一卷。谥文忠，学者称致堂先生，

胡宁（约1101—1166），字和仲，安国次子。以父荫补官，秦桧当国召除敕令所删定官。因不附秦桧父子，乞祠主管台州崇道观。安国之传

《春秋》，修纂检讨尽出宁手，又著《春秋志疑》三十卷、《春秋通旨》一卷，学者称茅堂先生。

胡宏（1105—1161），字仁仲，安国季子，自幼"伟抱卓识，自许尤为不偶，其学术亦最优也"。朱熹赞其学识丰富，"当时无有能当者"，与其父胡安国共创湖湘之学。

胡宏以阴补右承务郎，不附秦桧，师从张栻，隐居衡山下廿余年，以讲学为事，著有《五峰集》五卷、《论语指南》一卷、《知言》六卷、《附录》一卷、《皇王大纪》八十卷、《叙古蒙求》一卷，学者称五峰先生。

胡宪（1085—1162），字原仲，安国从兄淳之子。从安国受业。胡宪常求学湖南，入太学。蔡京当国，禁士毋得习"元祐学"，宪独与同邑刘勉之阴取伊洛程氏书藏之，深夜燃膏窃讲，既又与勉之学《易》于涪陵谯定，定谓《易》不可以言传。朱松将殁，属其子熹受学于宪及勉之、子翚。熹自谓从三君游而事籍溪先生为久云。著《论语会义》《南华真经解》。

胡实（1136—1173），字广仲，安止子。年十五初习，宏察其质之美，先以圣贤所以素赢而砭进之以道。由此就学，体虽赢多疾，而矻矻自力不肯置。由是所见日以开明，与考亭、南轩多所商榷。父殁时，弟仅垂髫，实抚育教训，恩意甚力。舅之子贫无所依，收养之终身。乾道九年（1173）卒，年三十有八。葬衡山县云密峰东。

3. 胡氏"大"字辈名人

胡大正（1114—1183），宏长子，以伯父寅荫调兴化尉。郡每岁番舶至，验视得利不赀，大正秋毫不取。淳熙十年（1183）卒于官，年70。大正与刘珙、朱熹友善，雄深魁伟，庄敬有威，平居终日正襟危坐，闻人善则乐称之，有不善虽臧获不许道，自云平生无欺心事，以妄戏言为大戒。

胡大时，字季随，宏季子。从张南轩游，南轩以女妻之。湖湘学者以大时与吴畏斋为第一，世所称岳麓巨子胡盘谷是也。南轩卒，弟子多趋陈止斋傅良，大时亦受业焉。又往来于朱子，问难不遗余力，最后师陆象山。象山作《荆公祠记》，朱子讥之。大时独以为荆公复生亦无以自解。大时于象山最称相得云，著《湖南答问》，多精粹语。

胡大壮，字季履，宏仲子，自幼刻意于吟咏性情之学，凡评论古今，推明义理，往往于篇章见之。研究经术，不事科举，学者称西园先生。嘉定十二年（1219），接五峰、南轩之遗踪，首迎大壮以正师席。大壮为留长沙累月，士子质疑问道，踵接肩摩，大壮应接不倦，讲论有方，文采观瞻，蔚然不变。卒年68，葬衡山县章木，著《西园集》十卷。

4. 胡家轶事

《建宁府志》载：文定少时性卞急，尝怒一卒至亲殴之。卒辄抗拒，无可如何。忽入书室中作小册，尽写经传中文，有"宽"字者于册上。此后遂不性急矣。

李廷机《宋贤事录》载：胡文定公安国，转徙流寓至于空乏，然"贫"之一字绝口不语。尝语子弟曰："对人言贫，意将何求。"

《闽书》载：罢官荆南，僚旧饯公于渚宫，凤戒优伶以待。而杨龟山具朝膳留公，鲑菜萧然，引觞随酌。置《语》《孟》几案间，清淡讲论，不觉暮昏。

壬子，越关过上饶，有居从臣治馔延公，饰姬妾奉酒为寿，公蹙然曰："二帝蒙尘，国步阢隉，岂吾徒燕乐日。"其人赧面止。凡辞受取舍一介之微，必度于义，恬静简默。

《宋元学案》载：致堂、籍溪、五峰、茅堂四先生并以大儒树节。南宋之初，盖当时伊洛世传莫有过于文定一门者。四先生殁后，广仲尚能禅其家学，而伯逢季随兄弟游于朱、张之门，称高弟，可谓盛矣。

周密《齐东野语》载：胡致堂寅，文定公安国之庶子也。将生欲不举，文定（母）夫人梦大鱼跃盆水，急往救之，则已溺将死矣。遂抱为己子。少黠难制，父闭之空阁，其上有杂木，过旬日则尽刻为人形。安国曰："当思所以移其心。"遂置书数千卷于其上。年余，悉成诵，遂为名儒及贵显。

《建宁府志》载：胡致堂夫人翁氏，密州司户揆之女也。生之前，其祖殿撰梦有通谒者曰："吾婺女星也。当生君家。"翌日翁氏生，红光满室。殿撰曰："此必清贵而寿者也。"长，妇致堂，以妇德闻。见元孙者三，累封太原郡夫人。

《鹤林玉露》载：绍兴乙卯，以旱祷雨，谏议大夫赵霈上言："自来祷雨，断屠止禁猪羊，今后请并禁鹅鸭。"时，致堂在西掖见之，笑曰："可谓'鹅鸭谏议'矣。闻贼中有'龙虎大王'，请以'鹅鸭谏议'当之。"

《旧志》载：《宋元学案》《宋史》列籍溪于隐逸，不知是何意例。籍溪虽立朝不久，然再召，适当秦桧讳言之后，一时诵其轮对。疏者以为朝阳之凤，固不可谓之潜德终沦者矣。况渊源实建安所自出，虽建安谓其讲学未透，要不可不列之儒林也。籍溪少尝卖药，其后书堂中尚有胡居士熟药正铺牌，卒成一代儒者，真人豪哉。

三、吴氏"兄弟英雄"

据宣统元年（1909）《延陵吴氏族谱》记载，吴姓唐末迁崇，先居吴屯，地因名。二迁白水岭头，再迁黄柏。南宋时，吴玠、吴璘以抗金有功封王爵，与岳飞、韩世忠等齐名。宋代父子建节者十三家，而武夷山吴氏得其三，吴玠与其子拱，吴璘与其子挺，吴挺与其子曦是也。兄弟建节者七家，而吴氏得其二，吴玠与其弟璘，吴挺与其弟拱。三世节度使一家，吴璘、吴挺、吴曦。其阀阅之盛，为宋一代冠。

1. 吴玠与吴璘兄弟

吴玠（1093—1139），字晋卿，五夫人，南宋名将，三世义烈，以勇略知名。早年从军戍边，屡败金军。治蜀10年，深得陇蜀人民的拥戴。病逝时年47岁，故西人至今思之。谥武安，号忠烈，《宋史》作思烈，作庙于仙人关，淳熙中追封涪王，子一，拱（民国《崇安县新志》作：子五：拱、扶、捻、扩、揔）。

吴璘（1102—1167），字唐卿，吴玠之弟，南宋名将。代兄为将守蜀20余年，为保秦陇、巴蜀立下了赫赫战功。晚年带病奋起，对抗入侵的金军。乾道三年（1167）病逝，年66岁。谥"武顺"，追赠信王，子挺。

2. 吴拱与吴挺兄弟

吴拱，为利州西路都统制。知襄阳府，部兵3000戍之。扼守襄阳，保护御敌，营辟屯田。吴氏一族，一门忠烈，三世戍边。吴拱是继吴玠、吴璘之后镇守四川，抗金军南侵的名将（《福建通志》《通鉴辑览》）。

吴挺（？—1134），字仲烈，吴璘子，南宋抗金名将，与父吴璘戍守旁关，璘卒，服除，召为左卫上将军，"帝颇加纳"。绍兴四年（1134）致仕卒。吴挺也是继吴玠、吴璘之后镇守四川，抗金军南侵的名将（《福建通志》《通鉴辑览》）。

3. 吴清淞、吴清涪兄弟

吴清淞（1886—1940），字子澄，城关人，民国名医。为民国海军总长萨镇冰所器重，曾任厦门海军医院院长兼地方医院院长、南京海军医院院长，为家乡培养了大量医务人才。民国二十九年10月23日，日机空袭辰溪，在手术室抢救伤员，不幸被弹片击中，以身殉职，时年55岁。国民政府表彰其对抗战贡献，追认烈士，晋升上校衔。遗体葬湖南辰溪公墓。《崇安县新志》《武夷山市志》有传。

吴清涪（1894—1936），清淞之弟。1927年春加入中国共产党，与邓小平、张云逸、陈昭礼一道参加百色起义，为建立和发展红七军医务工作做出重要贡献。曾任红五军团卫生部部长、红九军团卫生部部长。1934年10月参加长征，1936年8月牺牲于懋功。最高人民检察院原检察长黄火青评价其"爱护伤病员，同志关系好，态度文雅，有学者风度"。开国将军涂通今称其"出身科班，医学高明"。1996年6月，民政部追认为其"革命烈士"。

4. 文献记载迥异

研究白水吴氏较为困难，武夷山《延陵吴氏族谱》《崇安县志》《崇安县新志》《宋史》《福建通志》等，国史、方志、家谱、丛谈记载大相径庭。

（1）籍贯问题。吴氏何时迁崇安，无从考见。但宋初有吴航、吴评，俱系知名之士。学者认为，吴屯里得名最早，则吴姓入崇安，应不后于胡、刘各姓。那么，唐末，吴氏迁崇安，至南宋，后裔吴玠吴璘早已入崇安籍。家谱、方志、通志自然为载为崇安人，而《宋史》记载，吴玠吴璘兄弟籍贯为今甘肃省静宁县。

（2）传略问题。在《延陵吴氏族谱》和方志通志中，除吴玠、吴璘有连篇累牍的传记外，《延陵吴氏族谱》和《崇安县志》中吴挺、吴拱的记载寥寥几笔，甚至有些不着边际，到了吴曦，干脆就一字不提。而《宋史》清晰记载《吴玠传》《吴璘传》《吴拱传》《吴挺传》以及《吴曦传》和《宋史纪事本末》《吴曦之叛》。

（3）子嗣问题。武夷山《延陵吴氏族谱》记载，吴玠子一，拱。吴璘，子二，长挺，次博。挺子一，希详，未见吴曦记载。而《宋史》记载，吴籍贯为宁夏隆德人，子五。吴璘，子挺。挺子五人，曦，其次也。曦仕至太尉、昭信军节度使，以叛诛。

（4）关于吴曦。《延陵吴氏族谱》未见吴曦词条，仅见民国《崇安县新志》记载，吴曦，年十许岁时，其父挺尝问其志，曦有不臣之语。其父怒，蹴之火炉中灼其面，号吴巴子。

《宋史》卷四百七十五《吴曦传》与《宋史纪事本末》卷八十四《吴曦之叛》记载，吴曦是继吴玠、吴璘、父亲吴挺之后镇守四川，抗击金军南侵屡立战功而享有声望。开禧三年（1207），吴曦投附金国，被部将斩杀。吴曦叛国投敌，前后只当了41天"蜀王"，便身首异地。宋廷将吴曦首级悬挂在临安街头示众。

（5）评价问题。一是吴玠、吴璘的评价。吴玠、吴璘封王爵，与岳飞、韩世忠等齐名，国史方志评价大同小异。但《宋史》有"玠晚颇荒淫，璘多丧败，岂狃于常胜，骄心侈欤！抑三世为将，酿成逆曦之变，覆其宗祀，盖有由焉。"只见结果，未见事实。二是吴拱、吴挺的评价。《宋史》记载丰富，评价积极。而武夷山《延陵吴氏族谱》《崇安县志》的评价，却是三言两语，不着边际，让人看不懂。三是吴曦的评价，《宋史》评价"吴家八十年忠臣门户一扫而光。"《崇安县志》却将"吴挺与其子曦"列为"宋代父子建节者"。将吴璘、吴挺、吴曦"三世节度使一家"。"其阀阅之盛，为有宋一代冠"来褒扬，与历史记载迥异。

由于牵涉重要人物，重大历史事件，研究白水吴氏还需更多实证，更多广的角度，对吴氏的籍贯、传略、子嗣等展开研究，对白水吴氏做出正确客观的评价。

四、翁氏"六桂联芳"

《闽中理学渊源考》记载：崇安之白水乡自济可先生，创崇安白水翁氏家世学派。儒学忠节，厥后文章，父子相继，俊彦辈出，皆以名臣显。

1. 翁氏入崇流徙

南唐时翁巨隅由京兆迁福唐，旋入崇安。据《翁氏家谱》记载，翁巨隅生三子，承钦、承赞、承裕，承赞为闽相。"翁承钦居鸣鹤乡，翁承裕居太平乡。翁承赞居吴屯新丰乡翁屯大夫闸，天下翁姓俱从此三支发脉"，五传翁仲通，因"赘白水"，遂再迁居白水。白水有诗谶为证："一名鹅子二莲花，三望清湖四石畬，惟有廪峰居第五，山前却是宰臣家。"

三迁黄柏马顶峰，黄柏亦有诗谶为证："龙头洞后神仙窟，马顶峰前宰相家。"因祖上有闽相翁承赞，因此，大凡有翁姓居住，就会有类似"某某峰前宰相家"的词谶。现裔孙散居市区、岚谷、吴屯、五夫和上梅。

数百年间，翁氏一族在武夷山开枝散叶、瓜瓞绵延，大放异彩，成为声名远播的簪缨世家。

2. 翁氏六桂来源

《翁氏家谱》记载，翁巨隅生三子，侄孙廷皋生六子，"处厚、处易、处朴、处恭、处廉、处休"，翌登进士，人称"六桂"。典籍亦有自翁巨隅后六世科第，人称"六桂联芳"记载。五传至仲通，其子彦约、彦深、彦国，孙挺、蒙之，三代同朝为官，六世名宦，六世科第，后人亦称"六桂联芳"。典籍为翁氏立传30多人，家谱立传的有翁则、郜、巨隅、承赞、璟、纪、纯、孟济、磷、肃、万、延庆、缜、世修、元山、濯、揆、合、德舆、甫、谷、迈等80多人。

在宗教界，则有翁藻光（844—928），河西节度使翁承钦之子。唐咸通八年（867）落发受戒，弘法瑞岩寺。因藻光冬日扣冰而浴，故称扣冰古佛。世传母亲夜梦辟支佛，藻光尔后诞生，又称藻光为辟支佛，是著名的得道高僧。《崇安县新志》云："道德高尚，邑人至今犹热烈祀之。"

3. 翁氏名宦名儒

翁承赞（859—932），字文尧，唐乾宁三年（896）进士，累官右拾遗、户部员外郎。闽国时依闽王王审知为相。工于诗，著有《谏议昼锦宏词》，武夷三丞相之一。

翁仲通（1034—1123），翁承赞五世孙，白水人。嘉祐二年（1057）进士，官至朝奉郎。疏浚河流，溉田农田，体恤民力，买地建学舍以教民，创白水翁氏家世学派，著《仲通文集》十卷。

翁彦约（1061—1122），字行简，仲通长子，政和二年（1112）进士，累官知高邮军。一生鞠躬尽瘁，戍守边关，拒贼拒盗。时百姓有言：彦约"履职，尽其能，尽其力"。彦约名言："民苏而吾病，无憾矣！"详定《九域图志》编修官，有《文集》十卷传世。

翁彦深（？—1141），字养源，仲通次子。绍圣元年（1094）进士，官右司员外郎、国子祭酒、秘书监、太常少卿。绍兴元年，复集英殿修撰。所著有《皇朝昭信录》及文集各五十卷、《忠义列传》二卷、《唐史评》一卷、《钟离子自叙》一卷传世。

翁彦国（1064—1127），字端朝，仲通三子，绍圣四年（1097）进士。知建州兼福建转运判官。改知杭州，江淮荆浙制置转运使、宝文阁直学士，充浙江、福建经制使，累官御史中丞。封忠烈殿少保，卒勅三十六茔。

翁挺（？—约1145），字士特，知音律，能赋诗，落笔数千言。李纲称其文雄深雅健，渊源浩博，诗凌厉奋发，绝去畦径。逝，刘子翚哭以文："士特罗万象于笔端，倾千顷于胸臆，生以此润身，死以此垂名！"

翁蒙之（1123—1174），字子功，以祖荫补登仕郎，常山尉、监登闻鼓院、军器监丞等。为江南东路安抚司，值岁凶，涝疫，拯疗全活甚众，有政声。

翁谷（1092—？），字子静，政和二年（1112）进士。宣和初为崇安县令，"廉介有经济才。未半年，百务一新。"与黄端、陈麟以善治邑而闻名，是著名的"闽部三循吏"。

翁德舆，字名卿，隆兴元年（1163）状元。相传，夜宿吴屯瑞岩寺，改"料神不识天机密"，为"料神不泄天机密"。神仙以为"一字之改，是无穷天才"，是武夷三状元之一。

五、白水柳氏家族

说到白水，不说柳氏家族是不行的。从五代闽永隆五年（殷天德元年，943）柳崇落籍，到柳淇于北宋皇祐五年（1053）中进士分析，柳氏家族在白水居住已110年。若以其他后裔荐辟叙荫分析，柳氏家族居住白水应在130年至150年之间。

1. 白水柳氏家族相关记载

柳氏家族落籍应在唐五代，民国《崇安县新志·隐逸》已将柳崇入闽始祖，传曰："崇字子高，五夫里人。值季世，御布衣称处士。王延政据建州，召补沙县丞，不就。入宋，以三子宜、宏、宣俱贵，当受官，戒其子曰：'勿以奏请夺吾志。'卒赠工部侍郎。"这里柳崇子为三人。

《武夷山市志·人物》记载："殷天德元年（943），闽王王延政召柳崇补沙县丞，崇以母老为辞，不肯出仕。崇有六子，都先后任南唐或宋官职。"《武夷山市志》记载"崇有六子"。

吴邦才《独步千古的词曲家柳永》记载："柳永父亲柳宜为工部侍郎；二叔柳宣为大理司直；三叔柳寔为赞誉大夫；四叔柳宏为光禄卿；五叔柳察为水部员外郎；六叔柳宷为礼部侍郎；小叔柳密为殿中监察御史。"这说明柳崇有七子。《建溪处士赠大理评事柳府君（崇）墓志铭并序》中柳崇有子宣、宜、真、宏、寀、密、察七位。数字不变，但兄弟次序发生了变化。

民国《崇安县新志·孝友》有柳宏传，文曰："宏字巨卿，五夫里人，崇之子，咸平戊戌登第。初，崇随长子宜，官于济，卒任所。宏闻讣时，适按狱密州，即徒跣冒雪奔父丧。有诏起复，三上章乞终制，不报。谒丞相泣诉，亦不得请。后官江东，过庐山，喜其幽胜，遂卜居紫霄峰下。终光禄卿，河南开国伯，赠司徒。"民国《崇安县新志·选举》记载：柳宜，雍熙二年（985）进士。柳宏，咸平元年（998）进士。柳宜之子柳三复，天禧三年（1019）进士。柳永与柳三接，景祐元年（1034）进士。柳永之子柳涚，庆历六年（1046）进士。三接之子柳淇，皇祐五年（1053）进士。

民国《崇安县新志·选举》记载：五夫人柳绶，重和元年（1118）进士。黄村人柳鸢，天禧三年（1019）进士。因未注明家世，不能判定归属，但倾向为白水柳氏家族的成员。

《崇安县志·选举》列入荐辟的有柳察、柳寀、柳宣、柳密；列入叙荫的有柳直龄，以父宏荫比部员外郎、柳真尚以父宏荫比部员外郎，柳真公以父宏荫太子中舍；列入封赠的有柳崇。

《武夷山市志·人物》有柳永传，《福建通志》有柳永及兄三接三复传。但三接三复传极简单。文曰：兄三复，天禧二年进士；三接亦登景祐元年进士，皆为郎，工文艺，时号"柳氏三绝"。子悦，官著作郎。

2. 白水柳氏家族考古近况

近些年，陆续发掘的古墓葬和出土的墓志铭，居然没有一方与白水柳氏家族有关。穷尽武夷山古姓氏家谱，试图从生活居住、山地田产、通婚死亡中寻找"某姓娶柳氏"或"柳氏适某姓"的记载，却一无所获。柳氏家族在白水卜居100多年里，居然没有与当地仕族通婚，没有留下任何蛛丝马迹，这不能不说是个奇迹。

柳永真的除了那几片描写武夷山的词之外，没有留下任何可以考证柳氏家族在武夷山生活过的痕迹，难道柳永真的是天空的浮云，河岸的柳絮么？

日前，在白水路边村清理柳永故居遗址时，出土"无字碑"一方，为立式碑，碑身呈长方形，花岗岩石质，左半边残缺。残长200厘米，残宽56厘米，厚15厘米。榫卯卯头长19厘米，残宽37厘米。碑身阴刻方框

（池子），碑额于右上角阴刻"永"字，字幅 16×13 厘米。除"永"字之外，通体无一字。虽碑座缺失，但仍可从榫眼凸出部榫头中推出的尺寸，碑体通高应在 250 厘米以上。据村中耆老回忆，柳永"无字碑"原碑完整，器形硕大，碑额有四个字，立柳永故居遗址旁，20 世纪 50 年代忽然消失。

初步认为，"无字碑"出土于柳永故居内，可认定为与柳氏有关的遗存，是否是参仿武则天的"无字碑"和"后人评说"之意，需更多的史实资料来证明。但"无字碑"的出土，无疑对研究白水柳氏家族，特别是柳氏家族曾生活在白水提供了重要的实物资料。

前些年，文物部门家谱家祠普查中，征得一部清光绪三十三（1907）雕版《翁氏家谱》一套。人物传"翁仲通"的词条下，有"翁仲通，卒宣和五年（1123），同夫人柳氏葬于白水翁墩屋后……"从古时族群多以姓氏"聚落而居"的特点判断，这个"夫人柳氏"很可能就是白水柳氏家族的"柳氏"，或至少与白水柳氏家族有密切的关系。

在"翁仲通"数传后，有一后裔，名曰翁振，《翁氏家谱》其词条注释为"振公，字德济，祖居吴屯，因仲通公赘于诗人柳耆卿家，遂居五夫……"

在《翁氏家谱》人物传中，翁仲通同夫人柳氏葬于白水翁墩屋后，与翁振词条"赘于诗人柳耆卿家"可相互印证。据此可以作出柳氏家族曾在白水生活与居住，而翁仲通入赘柳氏家族的判断。可惜，由于是孤证，公信力和证明力弱了一些。

由于武夷山翁氏多为翁仲通后裔，就血缘而言，武夷山翁姓是柳永的外孙；就入赘而言，武夷山翁姓是则是柳永的裔孙。疑问的是，作为相门之后，又是翁家单传的翁仲通为什么要入赘？入赘后为什么子孙姓翁而不姓柳？

2018 年夏，翁仲通与夫人墓志铭在白水翁墩仔出土，"翁仲通与夫人葬于白水翁墩屋后"得到证实。但翁仲通夫人却不是"白水柳氏"而是"龙泉吴氏"。子二，为翁彦约和翁彦深，却少了翁彦国。翁仲通与夫人墓志铭的出土，非但没有弄清白水柳氏家族的真相，却带来了更多的疑问。

《崇安县志·姓氏》写道："沧海桑田，变迁颇烈，盛于昔者衰于今，盛于此者衰于彼。柳盛于宋，钱盛于清，而今无其人。"囿于手头资料有限,白水柳氏家族恐怕比吴氏更难说清。看来,要揭示白水柳氏家族的来龙去脉,还需要更多史料,更多实证,付出更多的努力。

3. 柳永轶事记载

说到白水柳氏家族,当然要说到柳永。柳永是武夷山诸多名人中最没有争议的一个。自古以来,只要是柳永的记载,无不同一指向崇安白水人。但纪实极少,多以丛谈形式出现。

陈云程《闽中摭闻》载:柳永"奉旨填词""死之日囊无余资,郡妓剧金葬之真州郊外仙人掌。每春月上冢,谓之吊柳七";张舜民《画墁录》载:柳永与晏殊"只如相公亦作曲子"和"殊虽作曲子,不曾道'绿线慵拈伴伊坐'";罗大经《鹤林玉露》载:"金主亮闻歌,慕'三秋桂子,十里荷花',遂起投鞭渡江之志";谢维新《合璧事类》载:"范镇与柳耆卿同年,爱其才美,闻作《乐章》,叹曰:'谬其用心。'"谢事之后,亲旧间盛唱柳词,复叹曰:"仁宗四十二年太平,吾身为史官二十年,不能赞述,而耆卿能尽形容之";曹臣《舌华录》载:"公词须用丈二将军铜琵琶,铁绰板唱相公的《大江东去》。柳学士却着十七八女郎唱《杨柳岸,晓风残月》";王士禛《池北偶谈》载:"柳死旅殡润州僧寺,王平甫为守,出钱葬之";叶梦得《避暑录话》载:"永,善为他文词,而偶以词得名。始悔为累,后改名三变,而终不能救,择术不可不慎。予任丹徒,尝见一西夏归朝官云:'凡有井水饮处,即能歌柳词。'言其传之广也。"

《旧志》记载一则柳永"夜梦美妇"的故事,见得较少,照录如下:柳三变名永,字耆卿。未贵时,见京师景德寺僧房壁上题云:"明月斜,秋水冷,今夜故人来不来,教人立尽梧桐影。"后作《倾杯词》用前语:"愁绪终难整,又立尽梧桐碎影。"是夕,梦一美妇云:"妾曾作前词,数百年无人称道,公能用之,特来致谢。"觉而记其事。

武夷山流传故事有:《遇仙桥上柳耆卿》,柳永在鹅子峰小桥秉烛夜读。月神点化,终得功名;《清歌妙曲定姻缘》,与邻村女子斗才,私定终生;《鹅子峰下柳相公》,年三十夜,柳永体恤孤寡,资助穷人。故事大多阳光、曼妙、积极向上。

(本文作者为武夷山朱子文化研究中心研究员)

后 记

"名山育名人，名人耀名山。"武夷山与朱子，是相互辉映的两座高峰。山水，是名山大川，世界双遗产；朱子，是集大成者，后孔子主义典范。有人说，武夷山造就了朱子，朱子成就了武夷山，可谓武夷山不负朱子，朱子亦不负武夷山。在朱子71年的人生历程中，有50年在武夷山水间琴书生活，由此朱子理学在这里萌芽、成熟、传播。朱子及其门人、后人在武夷山水间的活动，为武夷山留下极其珍贵的文化遗存。

继2021年，武夷山朱子文化研究中心和武夷学院朱子学研究中心联合出版第一本"在地研究"书籍《朱子与五夫》后，第二本"在地研究"书籍《朱子与武夷山水》又问世了，这是武夷山朱子文化研究的又一成果，是为世界各地提供朱子与武夷山关系研究的又一"原料"宝库。

近年来，武夷山朱子文化研究中心坚持做好武夷山朱子文化的"在地研究"工作，立足本土，深入挖掘武夷山朱子文化深厚内涵，以"朱子与武夷山"为主线，通过不同研究方向，形成系列书籍。在完成了《朱子与五夫》的集结出版后，研究中心的顾问和研究员们瞄准武夷山水，真研实研，挖掘整理了朱子奉祠武夷山下，栖息在武夷山水之间，著书立说、传道育人、访师会友等鲜活故事和学术成就，完成"朱子与武夷山水"主题文章20篇12余万字。

为文化续脉，为时代添彩。朱子在武夷山留下大量的史籍遗存，如何让更多人更方便地享受到这些传统文化中的精神盛宴呢？习近平总书记指出："要系统梳理传统文化资源，让收藏在博物馆里的文物、陈列在广阔大地上的遗产、书写在古籍里的文字都活起来。"为此，丰富武夷山朱子文化"在地研究"，让朱子文化研究更接地气，更具烟火气息，打响武夷山朱子文化品牌，是本书编写的初衷。

在本书出版之际，我们向武夷山市委、市政府、市委宣传部、武夷文化研究院、市融媒体中心，向为本书提供素材的单位及个人，向参与本书编印的作家、编辑以及出版社的同志们，一并致以衷心的感谢！

编者

2023 年 11 月